Paul Stettiner

Aus der Geschichte der Albertina

1544-1894

Paul Stettiner

Aus der Geschichte der Albertina
1544-1894

ISBN/EAN: 9783743681651

Hergestellt in Europa, USA, Kanada, Australien, Japan

Cover: Foto ©ninafisch / pixelio.de

Weitere Bücher finden Sie auf **www.hansebooks.com**

Aus

der Geschichte der Albertina.

(1544—1894.)

Von

Dr. Paul Stettiner,
Oberlehrer am Städtischen Realgymnasium zu Königsberg i. Pr.

> In Preussen giebt es doch noch Philosophen und Patrioten, dort sind sie aber auch am nötigsten. Nur Philosophen und Patrioten dorthin, so soll Asien nicht über die Grenzen von Kurland vorrücken. Lichtenberg.

Königsberg.
Hartungsche Verlagsdruckerei.
1894.

Vorbemerkung.

Im Herbst vorigen Jahres erhielt ich durch die Redaktion der Königsberger Hartungschen Zeitung die Aufforderung, für deren Sonntagsbeilage eine Reihe von Aufsätzen über die Geschichte der Albertina zu schreiben. Die Schwierigkeit dieser Aufgabe, die ich als Sohn der alma mater nicht ungern übernahm, trat im Laufe der Arbeit immer mehr hervor. Das Sammeln des Stoffes war selbstverständlich nicht mühelos; mehr Schweiss aber kostete die Verarbeitung und Sichtung, da ja durch den engen Rahmen, in dem die Aufsätze gehalten werden mussten, räumlich und auch bezüglich des Inhalts bestimmte Grenzen gesteckt waren.

Wer die Geschichte der Albertina kennt, wird leicht bemerken, dass ich die vorhandene Litteratur von Sabinus bis auf die neuesten Erscheinungen[1]) möglichst herangezogen und verwertet habe. Ursprünglich hatte ich die Absicht, der Arbeit ein Verzeichnis der Litteratur, die ich dafür benutzt hatte, voranzustellen. Ich habe aber aus zwei Gründen davon Abstand genommen. Wenn ich alle Bücher, Sammelwerke und kleineren Abhandlungen, denen ich einzelnes entlehnt habe, anführen wollte, so würde dieses Verfahren ein wenig an das „Kreissen des Berges" und die hervorspringende Maus erinnern. Überdies würde ich doch kein vollständiges Verzeichnis der reichhaltigen Litteratur geben können. So begnüge ich mich mit dem dankbaren Bekenntnis, wieviel ich meinen Vorgängern, was Stoff,

---

1) Soeben geht mir die Anzeige von dem Erscheinen des umfangreichen Werkes von H. Prutz, Geschichte der Albertusuniversität zu Königsberg i. Pr. im 19. Jahrhundert zu. Ich bin natürlich nicht mehr im stande gewesen, dieses Buch, das sicher eine Fülle interessanten Stoffes aus archivalischem Material bieten wird und von andern Gesichtspunkten aus den Gegenstand in vollständiger und genauer Betrachtung behandeln dürfte, für die vorliegende Arbeit noch heranzuziehen.

Gehalt und Gedanken anbetrifft, schulde. Einzelne Abweichungen und Berichtigungen, die ich im Laufe der Arbeit vorgenommen habe, will ich gelegentlich an anderer Stelle begründen. Ich gebe die Aufsätze fast wörtlich so, wie sie in der Zeitung erschienen sind. Die Zusammenstellung liess sich nicht ändern, ohne die ganze Arbeit zu zerstören. Da ich weiss, dass ein Schattenriss aus der Geschichte der Albertina, wie er hier gegeben, noch nicht erschienen ist, so dürfte vielleicht dieser Rückblick auf 350 Jahre manchen Zögling oder Freund der jubilierenden Albertina anziehen und über ihre Entwickelung belehren.

Königsberg i. Pr., Juli 1894.

Paul Stettiner.

I.

Im dritten Buche Mose lesen wir von dem Gebote, dass nach siebenmal sieben Jahren die Posaunen und Hörner durch alles Land blasen sollen, denn das 50. Jahr soll geheiligt werden und ein Erlassjahr heissen allen, die im Lande wohnen; es ist ein Halljahr. Auch unserer Stadt ist ein solches Hall- oder Jubeljahr beschieden. Vor 350 Jahren ward unsere Universität von Herzog Albrecht begründet, dessen Namen, dessen Bild sie noch heute ziert. Die alten, ehrwürdigen Bildungsstätten, die vor ihr und mit ihr die neuen Lehren im Reformationszeitalter darboten, sind zum Teil verschwunden. Sie hat manch' ältere berühmtere Schwester, wie Frankfurt a. d. O., ja ihre alma mater selbst Wittenberg überdauert und hat innerhalb der deutschen Universitäten zeitweise die führende, immer eine angesehene Stellung zu behaupten gewusst. Wohl verdient sie, dass man ohne übertriebene Lobeserhebungen oder kleinlichen Tadel ihrer Geschichte gedenkt. Gewiss haben viele, die auf ihr gewirkt, kaum den Schall ihres Namens, wenn ein solcher überhaupt je vorhanden war, hinterlassen. Sie sind vergessen und verschollen. Indessen auch der harmlose Kreis, in dem das Leben von Gelehrten sich abspielt, enthält Kriege, Siege, Niederlagen und Verträge, die nach einem Ausspruch Goethes, obgleich unblutig, doch immer interessant bleiben, wenn nur für das Behagen des einzelnen Mannes und für die Freude und den Nutzen der Welt irgend zuletzt einiges hervorgeht.

Auch schon zur Ordenszeit hat das Bedürfnis nach Universitätsstudien in Preussen sich geltend gemacht. Wir wissen, dass Hunderte aus Altpreussen im 14. und 15. Jahrhundert in Prag und anderen Universitäten juristischen und philosophischen Studien oblagen. Vorübergehend hat im Ordenslande selbst in Kulm eine Universität bestanden. Mehr noch musste dieses Bedürfnis empfunden werden, als mit der Wende des 15. Jahrhunderts die Welt durch jene begeisterten Verehrer des Altertums, die man Humanisten nennt, in neue Bahnen gelenkt und die alte Lehrweise, wie sie in mangelhaften Klosterschulen und in finsteren Kollegien bestanden hatte, zurückgedrängt wurde. Neben dem Humanismus führte die Reformation dazu, neue Hochschulen zu begründen, in denen Diener der Kirche und des Staates gebildet werden konnten.

Markgraf Albrecht, der letzte Meister des Ritterordens in Preussen und der erste Herzog des verweltlichten Kirchenstaates, gehört nicht zu den gelehrten Fürsten seines Zeitalters, aber im Verkehr und Briefwechsel mit Melanchthon, dem Reformator in Wittenberg, sowie mit gelobten Humanisten, wie Camerarius in Tübingen, war er empfänglich für die Aufgaben der Wissenschaften und folgte mit Verständnis den Bewegungen auf den Hochschulen. Der Herzog sah die Notwendigkeit, in einer sprachlich gemischten Bevölkerung, die sich aus Litauern, Preussen, Polen und Deutschen zusammensetzte, einheimische Lehrer des Wortes Gottes, die von ihr verstanden werden könnten, zu erlangen. Während die vier Oberämter nach den Vereinbarungen nur durch einheimische Männer aus dem Adel besetzt werden sollten, musste man für das Amt des Kanzlers eine Ausnahme oder wenigstens Einschränkung dieser Bestimmung zulassen, da nicht selten ein adliger Doctor juris in Preussen überhaupt nicht vorhanden war, der diese Stelle hätte bekleiden können. Ebenso war in Preussen vor Gründung der Universität ein Arzt, der studiert hatte, eine seltene Erscheinung, so dass man noch im Jahre 1538 zur Behandlung einer Frau aus dem Hofgesinde des Herzogs einen fremden Arzt jüdischer Konfession aus Polen holen musste. Ferner bedurfte Albrecht im Verkehr mit dem polnischen Hofe Vertreter mit glänzender formeller Bildung, wie sie den Diplomaten jener Zeit eigen war. Nicht um an seinem Hofe mit Dichtern und Gelehrten zu prunken, wie mancher italienische und deutsche Mediceer jenes Zeitalters, sondern voll Verständnis für die Grundlagen, auf denen die ihm und seinen führenden Geistern gemässe Richtung erhalten und gefördert werden konnte, ging Herzog Albrecht an die Begründung einer Universität. Weil sie ein Bedürfnis des entlegenen Ostlandes an des Deutschtums Markung und nicht die Schöpfung einer Fürstenlaune gewesen, hat sie so zahllose deutsche Hochschulen überlebt.

Auf den Rat seiner Umgebung begründete Albrecht zunächst kein studium generale (Universität), sondern, wie man im Gegensatz dazu die Landesschulen nannte, ein Partikular, das von vornherein nur als vorübergehende Vorstufe zur Universität bestimmt war. Im Oktober 1541 ward diese freie Schule begründet und 1542 mit dem Bau begonnen. Sie stand nördlich vom Dome. Es sollten daselbst nach den Umständen und nach der Menge der Schüler allerlei Sprachen, Latein, Griechisch und Hebräisch, nicht weniger auch Theologie, Jurisprudenz und Medizin und die anderen herrlichen und löblichen Künste zu bestimmten Zeiten gelehrt werden.

Die Namen der Gelehrten, die den ersten Unterricht erteilten, haben heute kein Interesse mehr. Kollegialität scheint von ihnen nicht gepflegt worden zu sein. Der Herzog musste um so mehr daran denken, den um Inhalt und Umfang ihrer Lehrbefähigung hadernden Theologen und Philologen einen angesehenen und wissenschaftlich bedeutenden Rektor zu geben. Auch damals hatte ein solcher Ruf nach dem Osten wenig Anziehendes und musste durch entsprechende Aussichten auf hohes Gehalt und besondere Vorrechte annehmbar gemacht werden. Während zeitweise der Leibarzt des Herzogs, Brettschneider, die Schule leitete, kam der Herzog durch Vermittelung seiner Berater auf Georg Sabinus (Schuler), den Schwiegersohn von Melanchthon.

Es ist schwer, diesen Gelehrten, den seine Amtsgenossen liebevoll den leichtfertigen Dichter nannten, in wenigen Worten lebendig vor Augen zu führen. In jüngeren Jahren im Hause Melanchthons erzogen, dann auf Reisen Zeuge bedeutungsvoller historischer Ereignisse, wie der Reichstage zu Speier 1529 und Augsburg 1530, in Beziehung mit den prachtliebenden Kirchenfürsten seiner Zeit, wie Albrecht von Mainz und Kardinal Bembo in Italien, erhielt er frühzeitig das, wonach sein Sinn strebte, akademische Würden, den Ritterschlag und den kühlenden Lorbeerzweig für sein ruhmsüchtiges Dichtergemüt. Er war imstande, im feinsten und fehlerlosen Ciceronianischen Latein die Grossthaten der deutschen Kaiser und die unbedeutenden Handlungen seines Lebens, sowie die Verordnungen des akademischen Senats dichterisch zu verherrlichen. Die Ruhe der Studierstube wäre ihm längere Zeit unerträglich gewesen; er wollte vielleicht mit mehr Recht als mancher moderne Professor weltthätig sein, und er hat es auch verstanden, als Gesandter von Kurfürsten mit Erfolg aufzutreten. Neben dieser glänzenden Gabe, mit seinen Kenntnissen und Leistungen zu prunken, eignet ihm jene Zerfahrenheit und jene Zügellosigkeit der Lebensführung, welche mit Recht als ein Merkmal der fahrenden Humanisten betrachtet wird und die Anna Melanchthon in unglücklicher Ehe mit ihm ein tragisches Los bereitete. Dabei stand er in freier Anschauung von vielen Dingen über seiner Zeit. Theologisches Hadern um Worte war ihm zuwider. Um der Wissenschaft einen freieren Spielraum zu gewähren, wollte er die wissenschaftlichen Disputationen den Censuren der Dekane entziehen. Sabinus war damals Professor an der Frankfurter Hochschule und hatte einen Ruf nach Leipzig abgelehnt, um in Königsberg Rektor und Begründer einer Hochschule zu werden. In der That verstand er es, den Herzog seinen Vorschlägen geneigt zu machen.

Am 20. Juli (alten Stils, nach neuem am 30.) 1544 ward die Stiftung der Königsberger Akademie vollzogen, während am 17. August (27.) die wirkliche Einweihung stattfand. Die Rektorwürde sollte dauernd Georg Sabinus inne haben, der das für jene Zeit unerhört hohe Gehalt von 350 Gulden erhielt. Mit ihm wirkten noch 10 Professoren, die zum Teil zugleich an der genannten Partikularschule lehrten; einer für Theologie, einer für Medizin und 8 für alte Sprachen, Mathematik, Philosophie und Beredsamkeit. Wir staunen heute, dass 11 Lehrer die Gesamtheit der Wissenschaften vertraten, aber wir wissen, dass auch an anderen Universitäten jener Zeit höchstens 2 Juristen und Mediziner als Lehrer thätig waren. Weniger erstaunlich ist, dass unter den 11 Wissensfürsten bereits vier Tage nach der vollzogenen Stiftung solche Zwistigkeiten und Misshelligkeiten entstanden waren, dass sie in einem besonderen Konzil niedergeschlagen werden mussten. Denn nach einem Ausspruch von Treitschke, der ja zu den Wissenden gehört, sind akademische Senate, Höfe und Theater stets die Lieblingsstätten sanfter Katzbalgerei. Es wäre höchst unerfreulich, ein Bild dieses Haders zu entwerfen, wie er zunächst durch die Sabinus eingeräumte Stellung als dauernder Rektor der Universität hervorgerufen wurde. In der That besass der Rektor eine Reihe von Rechten und eine Ausnahmestellung, die Neid und Missgunst zu erwecken geeignet war. Er konnte nicht bloss die Studierenden, sondern auch die Professoren zu Pflicht und Eid mahnen, ihm flossen die Geldstrafen zu. Nach eigenem Gutdünken durfte er bedeutenden Fremden im Namen der Universität Gastgeschenke und Ehrenwein spenden. Drei Jahre lang waltete Sabinus zur Zufriedenheit des Herzogs des schwierigen Amtes. Dann ward er es müde, den dauernden Kämpfen gegen sein Rektorat Widerstand zu leisten; er entsagte der Würde, da ihm der Tod seiner Frau grössere Pflichten auferlege. Es ward nun ein semesterweise wechselndes Rektorat eingeführt, in dem sich wie heute jährlich die theologische, juristische, medizinische und philosophische Fakultät „umzech", wie der alte Hennenberger sagt, ablösten.

Keineswegs war damit Ruhe und Frieden in die Räume der Albertina auf dem alten Bischofssitze am Dome eingekehrt. Nur ein Sturm im Glase Wasser zwar war der heftige Streit, der zur Exkommunikation und Verbannung des Leiters des Pädagogiums, des Holländers Gnapheus, im Juni 1547 führte. Sein Gegner, der Theologe Staphylus, in dessen Vorlesungen mehr „zierliche Worte als Gehalt und Lehre" hervortraten, überwand ihn, erschütterte aber später durch seinen Übertritt zum Katholizismus die Meinung von Herzog Albrecht, so dass eine Wiederaufnahme des Verfahrens gegen den unbeugsamen Vertreter seiner Ansichten über die Gnadenmittel seine Rechtfertigung thatsächlich zur Folge hatte. Aber viele Jahre hindurch währte der durch Andreas Osiander heraufbeschworene Streit über die Rechtfertigungslehre. Andreas Osiander war der Führer der Reformation in Nürnberg, bis er infolge der Einführung des zwischen Katholiken und Protestanten vermittelnden Interims 1548 Nürnberg verliess. Herzog Albrecht, der in bedrängter Lage den Predigten und Gesprächen Osianders 1522 beigewohnt hatte, gab ihm eine Pfarrstelle an der Altstädtischen Kirche, die er seit Januar 1549 verwaltete. Herzog Albrecht hatte schon 1548 eine Verbindung der Pfarrämter und der theologischen Professur für zweckmässig anbefohlen. Osiander trat seine Professur an, erhielt das Pfarrhaus zu seiner Wohnung und 450 Mk.[1]) und wurde, obwohl er keinen akademischen Grad besass, den übrigen Docenten der Theologie, die Wittenberger Doktoren waren, vorgezogen. Der akademische Senat beschwerte sich über die Zulassung eines Mannes, der keinen akademischen Grad besessen, zum Lehramte; aber wenn der Herzog auch nur für Osiander eine Ausnahme machen wollte, in der That blieb dieser erster Professor der Theologie und von jeder Promotion zum Ärger seiner Amtsgenossen befreit. Dann war Osiander sogleich in seiner ersten Antrittsvorlesung mit seinem Streitwort kühn hervorgetreten, dass der Glaube kein wesentlicher Teil der Busse sei. Dieser Gedanke führte zu jener Sturmflut von leidenschaftlichen Streitschriften, Schmähungen, Erörterungen innerhalb und ausserhalb der Hörsäle und Kirchen, die den Theologen unserer Tage keineswegs mehr erklärlich scheint. Auf Kanzel und Katheder verfolgte man mit massloser Heftigkeit die Lehre Osianders, dass der Mensch durch die Rechtfertigung Christi eine beinahe göttliche Vollkommenheit erlange. Obwohl sich Mörlin, der Domprediger,

---

1) 1 Mk. = 20 Gr. 1 Thlr. = 90 Gr.

fast sämtliche Mitglieder der Universität gegen Osiander erklärten, blieb dieser, gestützt auf die unwandelbare Gunst des Herzogs, der mit seinem Gefolge wiederholt den öffentlichen Disputationen beiwohnte, fort und fort auf seinem, schroff jede Vermittelung ablehnenden Standpunkt. Während die eine Partei in Osiander ein Werkzeug des Teufels sah, nannte der Gottesmann seine Gegner Schelme, Bösewichter und Ehrendiebe. In einer Schrift, der er den Namen Schmeckbier gab, gab er Proben aus den Werken seiner Gegner und meinte, dass sie so ungelehrt seien, dass sie billig Sauhirten sein sollten, und dass er sein Lebtag keine grösseren Tölpel gesehen. Doch genug und mehr als genug über einen theologischen Kampf, den die zur Vermittelung aufgeforderten württembergischen Theologen nur für einen Wortstreit erklärten. Ebenso bezeichnend für den Geist jener Zeit, wie der kurz hier behandelte Streit, sind die zahllosen Legenden, welche selbst von den gelehrten Theologen über den Tod des verhassten Mannes verbreitet wurden. Die einen behaupten, er habe im Tode gebrüllt wie ein Ochs, andere erzählen, er sei stumm wie eine Bestie grausam gestorben, einige wussten, dass sein Körper ganz zerrissen sei, ein Chronist jener Tage berichtet, dass der Teufel dem Osiander den Hals umgedreht habe.

Während zunächst der Streit der Osiandristen auch über den Tod des Wortführers hinaus noch Verwirrung und Zwietracht in die Reihen aller Fakultäten und Stände säte, folgte dann eine Fülle anderer mehr oder minder wichtiger polemischer Fragen, die die Theologen mit Heftigkeit vertraten. Für sie gilt gewiss das Wort, das der Bibliothekar der hiesigen Schlossbibliothek, Martin Chemnitz, sprach: Solche Streitschriften hätten weiter keinen Nutzen, als dass man aus ihnen die Schelt- und Schmähkunst lerne. Ebenso hat der Streit, ob der Mensch Jesus Christus nicht nur in concreto, sondern auch seiner menschlichen Natur nach in abstracto allwissend sei, die Geistlichen, Professoren, Studierenden und Bürger Königsbergs bis auf die Damen der Fischhallen in ungewöhnlicher Weise erhitzt, so dass die Wörter Konkret und Abstrakt als Beiwörter zu Beschimpfungen beliebt und auf den Strassen nicht selten gehört wurden. Zu den Disputationen über die Streitfragen innerhalb der lutherischen Kirche traten seit Beginn des 17. Jahrhunderts nach Zulassung des katholischen Gottesdienstes in Königsberg (1611) sowie nach dem 1614 erfolgten Übertritt des Herrscherhauses zur reformierten Kirche solche gegen die Anhänger dieser Kirchen.

Die Zahl der Professoren der Theologie betrug ursprünglich, wie in den oberen Fakultäten überhaupt, nur zwei, sie vermehrte sich aber im Laufe des ersten Jahrhunderts bereits um einen, der zuerst extra ordinem, d. h. ausserhalb der statutarisch festgesetzten Zahl lehrte, später zum Ordinarius ernannt wurde. Da die Rechte der oberen Fakultäten zu Promotionen lange zweifelhaft erschienen, so wurde erst im Jahre 1624 ein Mecklenburger Theologe, Movius, der in Litauen Prediger war, zu einer Disputation, um den Rang eines Licentiaten zu erlangen, zugelassen. In der Disputation scheint es sehr lebhaft zugegangen zu sein. Wenigstens wurde dem Prediger später die Behauptung zugeschrieben, dass auch der Satan oder gar ein Papagei, wofern er nur Hände hätte, die rechte Taufe vollziehen und dass auch Lauge zum Taufen benutzt werden könne. Daraus entwickelte sich denn ein wahrer Rattenkönig von Streitschriften, die für den Prediger schliesslich die Aberkennung des ihm zugesprochenen Licentiats und die Entfernung aus seiner Gemeinde zur Folge hatten. So sehr auch dieser streitbare Geist der Theologen der jungen Akademie Abbruch that, weder war er auf Königsberg allein beschränkt, noch hat er daneben die ruhige und rechte Aufgabe der Gottesgelehrtheit in der Heimat beschränkt. Es wäre durchaus unrichtig, wenn man die Rufer im Streit um Worte und Buchstaben vom heutigen Standpunkt wissenschaftlicher Forschung verdammen wollte.

Der Streit der Theologen hatte nach einander den Juristen, den Mediziner und zuletzt auch den ersten Rektor der Königsberger Universität Georg Sabinus der Albertina entrissen, nachdem der ehrgeizige Mann noch auf Wunsch des Herzogs den letzten vergeblichen Versuch gemacht hatte, Frieden innerhalb des akademischen Senats zu stiften, indem er im Wintersemester 1553 das Vicerektorat übernahm. Er erreichte nicht die Rettung des ihm anvertrauten Fahrzeuges, aber er lud Hass und Verachtung von beiden Seiten auf sich. Er ging im Unfrieden mit dem Herzog wie mit dem Senate im Jahre 1554 von Königsberg fort und ist nach kurzer Zeit dann in die Dienste des Kurfürsten Joachim II. getreten, in denen er sowohl als Professor der Universität Frankfurt a. O. wie nun auch als Diplomat eine befriedigende Thätigkeit entfalten konnte. Die Universität, die er begründen half, verliess er in einem hilflosen Zustande.

Für Sabinus hatte das Rektorat kurze Zeit Andreas Aurifaber (Goldschmid) am Ende des unruhigen Jahres 1553 übernommen. Er war zunächst durch die philosophische Fakultät in Wittenberg gegangen und hatte als Rektor der neu begründeten Schulen in Danzig und Elbing eine segensreiche Thätigkeit entfaltet. Dann erhielt er ein Stipendium seitens des Herzogs Albrecht, um Medizin in Deutschland und im Ausland zu studieren. In Wittenberg verheiratete er sich mit der Tochter des berühmten Buchdruckers Hans Luft, der später 1549 unter besonderen Privilegien eine Druckerei in Königsberg einrichtete. Natürlich entschloss er sich als junger Ehemann nur auf Drängen des Herzogs und später, als beabsichtigt war, zum Studium der anatomischen Praxis nach Italien zu reisen. Nach Königsberg zurückgekehrt lehrte er extraordinarie Medizin und las ausserdem über Physik, ein Wort, das in jener Zeit die gesamten Naturwissenschaften umfasst. Er wurde dann 1546 Leibarzt des Herzogs, später nach dem durch die Streitigkeiten Osianders veranlassten Ausscheiden des ersten Professors der Medizin rückte er in dessen Stellung ein. Die grosse Pest, welche im Sommer 1549 14—16000 Menschen in Königsberg das Leben raubte, fand den Mediziner nicht in Königsberg; er hat aber später ein Buch über die Krankheit geschrieben, wie er denn auch ein nützlich und tröstlich Regiment wider die anfallende Gicht herausgab. Er war täglich um 9 oder 11 Uhr in der Apotheke zu sprechen. Er las zugleich über Geister- und Seelenlehre und folgte im wesentlichen in der Naturgeschichte den Ausführungen von Aristoteles. Er hält es mit diesem für möglich, dass lebendige Tiere ohne Samen und vorhergegangene Begattung bloss aus der Erde entstehen können.

Die Naturwissenschaft war in jener Zeit wesentlich nur Magd der Medizin. Erst seit dem Jahre 1637 wurde der eine oder der andere Professor der philosophischen Fakultät mit dem Lehrauftrage dafür betraut. Ob die Naturlehre in den Händen eines Professors der Poesie oder Metaphysik besser behandelt wurde, scheint höchst zweifelhaft. Man unterrichtete nach alten Lehrbüchern mehr als nach Anschauung. Magie, Sympathie und Antipathie blieben in Ansehen. Man kann es wohl glaublich finden, dass bisweilen ein Waidmann mehr von dieses oder jenes Wildes Natur, ein Ackermann von der Bäume und Pflanzen Eigenschaften besser zu reden verstand als ein Professor, der oftmals viele Jahre die Naturgeschichte gelehrt hatte. Findet doch ein Professor der Medizin der Albertina in der ersten Hälfte des 17. Jahrhunderts in den Veränderungen der Himmelskörper die Ursachen einer Pest. Ebenderselbe durchaus tüchtige Praktiker schreibt es der unmittelbaren Wirkung des Teufels zu, wenn Kranke zuweilen Würmer und Haare von sich geben, und bestätigt, dass der Teufel in dem Magen eines Mannes vier stählerne Messer erschaffen habe. In der preussischen Hausapotheke, die 1642 erschien, gab derselbe Professor der Medizin Rezepte aus Wachholderbeeren und anderen Ingredienzen an, durch die besessene und bezauberte Personen von solchem Übel befreit werden konnten. Indessen fanden die bahnbrechenden Fortschritte der Medizin, die gerade im siebzehnten Jahrhundert durch Cartesius und Bacon gemacht waren, auch in Königsberg Eingang. Namentlich begann die Chemie ein Teil des medizinischen Studiums zu werden und übte auf die Arzneimittellehre einen günstigen Einfluss, obwohl natürlich der Glaube selbst der gelehrten Mediziner an Liebestränke und magnetische Heilungskünste nicht sofort schwand. Auch wirkte die methodische Unterweisung in der Anatomie. Die Studierenden wurden zu Sektionen von Leichen sowie zu Vivisektionen von Tieren eingeladen, und ein altstädtischer Kreisphysikus rühmt wohl mit Recht, dass er den Studiosen der Medizin mit dem Exercitio anatomico mehr genützt habe, als ein anderer mit seinem Disputieren. So durfte die medizinische Fakultät am Ende des ersten Säkulums mit Stolz auf jene vielbesprochene, unter ihrer Zustimmung und nach ihrem Gutachten vollzogene Entfernung eines Messers aus dem Magen eines Landsberger Bauernknechtes blicken. Am 4. Juli 1635 ward diese Operation glücklich vollzogen. „Der Patient wurde auf ein Brett gebunden, die Stelle, an welcher der Schnitt gemacht werden sollte, mit einem Kohlenstrich bezeichnet, worauf die Bauchdecken durchtrennt und die Bauchhöhle eröffnet wurde. Da der Patient nüchtern war, so war wohl aus diesem Grunde der Magen nicht gleich zu fassen, wodurch die Operation sich etwas in die Länge zog." Allein das that nichts, da der Patient inzwischen mit dem in Bereitschaft gehaltenen „Perlenwasser" gestärkt wurde; als nunmehr der Magen mit einer krummen Nadel angezogen wurde, bemerkte der Chirurgus auch bald des Messers Spitze, eröffnete auf derselben den Magen, ergriff das Messer und zog es heraus. Der Patient rief, als er das Messer sah, sofort freudig aus: „Das ist mein Messer!" Die Operation, welche von der Königsberger medizinischen Fakultät zuvor durch Gutachten gebilligt war, darf um so mehr als ein vollgiltiger Beweis für die Fortschritte dieser Wissenschaft bei uns angesehen werden, weil sie auswärtigen Fachgenossen jener Zeit unmöglich schien.

In der juristischen Fakultät war bei Begründung der Universität Christoph Jonas der einzige Vertreter. Nach den ältesten Statuten sollten sich die Vorlesungen auf Institutionen und Pandekten beschränken. Die Gründung der Universität fällt in die Zeit der Umbildung des gesamten Rechtswesens, in die sich allmählich vollziehende Entstehung gelehrter Gerichte. Freilich kann die Erläuterung der Justinianischen Institutionen und der Pandekten nur eine magere Kost für den künftigen Richter und Verwaltungsbeamten genannt werden, wenn wir sie mit der reich besetzten Tafel vergleichen, welche heute die Verzeichnisse der Vorlesungen den Rechtsbeflissenen darbieten. Es ist bezeichnend, dass der weltkluge Sabinus einem jungen Gelehrten in Königsberg von der juristischen Laufbahn abrät, weil dazu weniger Rechtskenntnis als ein ingenium aulicum, d. h. das Wesen eines Hofmannes, gehöre. Es ist hauptsächlich das römische Recht sowohl in den Vorlesungen, wie in den Schriften der juristischen Professoren behandelt worden. Wie vielfach heute, ging auch schon im 17. Jahrhundert die Klage darüber, dass in der Rechtswissenschaft die edle Zeit der Jugend auf lauter unnütze theoretische Spitzfindigkeiten und Fragen verwendet werde. Ein juristischer Professor der hiesigen Universität (1624—26) meint, dass sie damit, wenn sie zur Praxis komme, weder schwimmen noch waten könne. Die jungen Juristen lernen Dinge, die sie in ihrer ausübenden Thätigkeit nie zur Behandlung bekommen, wovon sie keinen Heller gewinnen können. Indessen haben auch die Professoren vielfach Fragen des kulmischen Rechts und die Verfassung der Lehnsgüter bearbeitet. Namentlich hat Levin Buchius, der von 1593 bis 1613 hier Professor war, sich grosse Verdienste um die Ausarbeitung des preussischen Landrechts erworben. Dieses erste Landrecht des Herzogtums Preussen ist 1620 von Kurfürst Georg Wilhelm publiziert und zeigt nach dem Urteil von Kennern den Einfluss des gemeinen römischen Rechts, ohne freilich das kulmische und die Partikularrechte gänzlich beiseite zu lassen. Die Zahl der juristischen Professoren stieg im Laufe des Jahrhunderts auf drei, von denen allerdings der dritte nur als Extraordinarius galt. Nur ausnahmsweise wurden die Professoren der Fakultät als Beisitzer zu wichtigen Prozessen zugezogen, da sie mit ihrem Beruf genug zu thun hätten.

Neben diesen drei oberen Fakultäten nimmt die letzte Stufe die philosophische ein. Sie ist damals gleichsam das Morgenthor in Königsberg, wie aller Orten, durch das man in der Weisheit Land gelangt. Von ihr gingen die meisten aus, um dann oft zugleich lehrend und lernend in die oberen Fakultäten einzutreten. Die Lehrthätigkeit, die acht Professoren ausübten, beschränkte sich wesentlich auf Hebräisch, Griechisch, Mathematik, Rhetorik, Philosophie und Poetik. Eine Wissenschaft der Geschichte kannte man damals kaum. Nur bei Behandlung der alten Historiker wurde sie berührt. Ein besonderer Lehrstuhl dafür wurde erst 1615 eingerichtet. Wie schon erwähnt, wurden die Naturwissenschaften erst seit 1637 von einem Professor der Fakultät gelehrt, während die Staatswissenschaften, die Geographie, die Germanistik, die neueren Sprachen keinen besonderen Vertreter hatten.

Wie die Theologie die Königin unter den Wissenschaften jenes Zeitalters, so ist Latein die Herrscherin unter den Sprachen. Nicht nur die Philologen, sondern die Gelehrten aller Wissenschaften lehrten und schrieben auch mit wenigen Ausnahmen lateinisch, während die Kenntnis des Griechischen dem Theologen wegen der heiligen Schrift, dem Mediziner wegen Galen und dem Mathematiker wegen Euklides wichtig waren. Sehr bemerkenswert ist, dass Professor Linemann, der Mathematiker der Universität, im Jahre 1641 auf Befehl des Grossen Kurfürsten Gelehrten und Liebhabern eine Vorlesung über die Kunst des Landmessens in der Muttersprache durch Anschlag ankündigte und in deutscher Sprache zu halten versprach. Es ist das ein Ereignis von litterarhistorischer Bedeutung, da noch im Jahre 1687 Chr. Thomasius einen Sturm des Unwillens unter seinen Leipziger Kollegen erregte, da er ein Programm nicht in dem „geliebten Latein", sondern in deutscher Sprache an das schwarze Brett der Universität heften liess. Wie an andern Universitäten, so lehrte man in Königsberg Philosophie wie Sprachwissenschaften, wesentlich im Anschluss an Melanchthon, dessen Lehrbücher in Grammatik, Physik, Psychologie, Ethik und Dogmatik die Grundlagen des gelehrten Unterrichts bildeten. In der Philosophie herrschte noch Aristoteles, dessen Meinungen fast als unfehlbar galten. Dabei war es ein Fortschritt, dass man seit Beginn des 17. Jahrhunderts ihn nicht mehr durch Vermittelung von Melanchthon, sondern im Original las. Vielfach wurden theologische Fragen, wie z. B. über die Natur und Schöpfung der Engel, behandelt. Ein Lehrer der Philosophie der Albertina erweist im Jahre 1621 seine Behauptung, dass die Leidenschaften an sich nichts Böses seien, 1. durch Sprüche der heiligen Schrift, 2. durch Gründe der gesunden Vernunft, 3. durch Zeugnisse der Kirchenväter, 4. durch Zeugnisse der Philosophen. Man sieht, dass die Akademie damals noch nicht die hohe Schule der reinen Vernunft war. Einen ausserordentlich breiten Platz in der Thätigkeit der gelehrten Philologie nimmt

die Beschäftigung in Theorie und Praxis der Beredsamkeit und
Dichtkunst ein, wie ja auch in allen Wissenschaften die Disputationen
sowie die Deklamationen für Lehrende und Lernende einen wichtigen,
wenn nicht den wichtigsten Teil akademischer Thätigkeit bildeten.
Im Jahre 1637 fand z. B. im Auditorium Maximum eine solche
Übung unter Leitung des berühmten Professors der Beredsamkeit,
des auch als Dichter bekannten Valentin Thilo, statt. Nach der
Einleitung sprach ein Studiosus aus Kurland über den Wert des
Reichtums und erkannte ihm den Preis zu, ein Schlesier giebt die
Palme den Wissenschaften, und so ging es fort in sechs Reden, an
die sich noch ein Dialog der Götter in Versen schliesst, selbstverständ-
lich alles in lateinischer Sprache.

Es wäre keine Kleinigkeit, sich durch die endlosen akademischen Reden der Rektoren, der Professoren eloquentiae bei Ge-
burten, Todesfällen, Taufen oder Hochzeiten in der herzoglichen oder
kurfürstlichen Familie durchzulesen. Dabei erscheint dann noch mindestens ein lateinisches Gedicht von tausend Versen, das an Wort-
reichtum nichts zu wünschen übrig lässt. Sabinus zeigte die akademischen Verordnungen und Verwarnungen in fehlerlosen lateinischen
Hexametern oder Distichen an. Der Professor der Dichtkunst musste
die drei grossen Feste durch je ein lateinisches Gedicht verherrlichen.
Der Tod von Frauen und Töchtern der akademischen Lehrer sowie
angesehener Personen gab Anlass zu lateinischen Trostgedichten.
Eine zweiköpfige Missgeburt in Pobethen begeisterte einen Professor
der Dichtkunst in Königsberg zu einer lateinischen Elegie, in der
der gottbegeisterte Poet aus dem Wunder die schwersten Landplagen,
Krieg, Hunger und Pest, ja den baldigen Einbruch des jüngsten
Tages weissagte. Indessen gerade die Strahlen der Dichtersonne
verliehen Mitgliedern des Lehrkörpers der Albertina in ihrem ersten
Säkulum mehr Anspruch auf Unsterblichkeit als die gelehrtesten Abhandlungen über Logik und Metaphysik. Selbstverständlich sind die
lateinischen und griechischen Elegieen und Oden voll gelehrter und
zugleich witziger Bemerkungen für die heutigen Leser ein Abgrund
gähnender Langeweile, während eine Reihe geistlicher Gedichte in
deutscher Sprache noch heute in Kirchen und Schulen andachtsvoll
gesungen werden, wie der von dem Professor der Beredsamkeit Valentin Thilo (1634—1662) gedichtete Choral: „Mit Ernst, o Menschen-
kinder, das Herz in euch bestellt." Aber alle Dichter und Dichter-
linge überragt an Bedeutung Simon Dach. Er war in Memel im
Jahre 1605 geboren als Sohn eines Gerichtsdolmetschers und wurde

nach dem Besuch der Domschule zu Königsberg sowie auswärtiger Gymnasien im Jahre 1626, um Theologie und Philosophie zu studieren, in der Albertina immatrikuliert. Vermutlich durch den kleinlichen Hader der Theologen und Philosophen abgeschreckt wandte er sich mehr und mehr dem Studium der Alten zu. Durch Privatunterricht, und später sechs Jahre hindurch seit 1633 als Lehrer an dem Domgymnasium (Kneiphöfischen) fristete er sein Leben und erwarb für Leichengedichte, Begräbnisgedichte und Hochzeitsgesänge kärglichen Lohn. Bis an sein Lebensende musste er für Geld und um Gönner zu gewinnen solche Gelegenheitsgedichte abfassen, wie ihm auch die Anwesenheit fürstlicher und hoher Personen in Königsberg, wie jedes freudige und traurige Ereignis in seinem vielgeliebten Herrscherhause zu poetischen Erzeugnissen, Festspielen und Dichtungen aller Art die Anregung bot. Auf nachdrücklichen Befehl des Kurfürsten Georg Wilhelm ward ihm im Jahre 1639 der durch Tod verwaiste Lehrstuhl für Dichtkunst in der Albertina übertragen, in der er dann über Horaz, Seneca, Ovid und Juvenal, wie es scheint, ohne gerade Zuspruch zu finden, Vorlesungen hielt. Die Fakultät nahm ihn nur gezwungen auf, da er noch ohne akademischen Grad war. Er wurde erst 1640 nach Verteidigung von drei Thesen aus dem Gebiete der Poetik zum Magister promoviert. Wichtig für ihn wie für das geistige Leben Königsbergs waren seine Beziehungen zum Obersekretär der preussischen Regierung Robert Robertin, der, selbst ein feingebildeter und welterfahrener Mann, Dach aus dem engen Stillleben und der täglichen Tretmühle seines dornenvollen Daseins emporhob und mit Akademikern sowie andern begabten Bürgern Königsbergs einen Dichterbund begründete. Man kam im Hause des Professors der Medizin Tinctorius oder im Garten des Komponisten Heinrich Albert auf den Hufen zusammen, redete sich mit Schäfernamen an und teilte sich die Erzeugnisse der Muse mit. Besonderer Gunst erfreute sich hier das Lied vom Anke von Tharau, das Dach wahrscheinlich für deren Bräutigam, den Pfarrer Portatius, einen Studienfreund, dichtete und von ihm gesungen dachte, ohne zu Anke innigere Beziehungen oder gar ein unglückliches Liebesverhältnis gehabt zu haben. Auf diesen Freundeskreis geht Dachs herziges Preislied der Freundschaft: „Der Mensch hat nichts so eigen" mit der prächtigen Schlussstrophe:

    Ich hab', ich habe Herzen
    So treue, wie gebührt,
    Die Heuchelei und Schmerzen

> Nie wissentlich berührt.
> Ich bin auch ihnen wieder
> Von Grund der Seelen hold;
> Ich lieb' euch mehr, ihr Brüder,
> Als aller Erden Gold.

Dachs Gehalt betrug nur etwa 100 Thaler und einige Deputate an Holz und Korn und reichte nach seiner Verheiratung mit Regina Pohl, der Tochter eines Königsberger Hofgerichtsadvokaten, kaum aus, zumal die Ehe reichlich mit Kindern gesegnet war. Obwohl der grosse Kurfürst ihn und seine Familie bei seiner Anwesenheit stets aufs Schloss befahl, lebte er doch im Verkehr abseits von der grossen Welt, ohne wesentlichen Anteil an den grossen und kleinen Begebenheiten, die nur durch die Notwendigkeit, sie zu besingen, ihn berührten. Im Jahre 1644 überwies ihm der Kneiphöfische Rat in der Magisterstrasse nahe dem ehemaligen Honigthore auf Lebenszeit freie Wohnung.

> Gott will es ewig danken
> Des Kneiphofs weisem Rat,
> Der mir allhier zu wohnen
> Geneigt erleubet hat: —
> Gott, dem es unverborgen,
> Was mir zu Tag und Nacht
> Die trüben Wohnungssorgen
> Für Kümmernis gemacht.
> Die Schneck' und Schildfrosch bringen
> Ihr' Hütten mit zur Welt;
> Der Mensch muss mühsam ringen,
> Eh' er ein Haus erhält.

Im Jahre 1644 sah die Albertina ihre erste Jubelfeier durch ein Festspiel Dachs (Sorbuisa-Borussia) verherrlicht. Mit Sabinus, dem weltklugen Humanisten, hebt die Geschichte der Albertina im ersten Säkulum würdig an, mit dem weltfremden Dichter Simon Dach, der weder seinen Namen latinisiert noch der Muttersprache Wonnelaut zum Sang verschmäht, findet sie einen verheissungsvollen Abschluss.

II.

Vor Gründung der Universität erschien keineswegs von vornherein nur Königsberg als der dazu geeignete Ort. Die Gutachten der Gelehrten, die Herzog Albrecht befragte, nannten vielmehr noch Wehlau, Neidenburg und Saalfeld. Namentlich als die Pest in Königsberg 1549 verheerend wirkte, dachte Herzog Albrecht ernstlich an die Verlegung der Hochschule nach Wehlau, wie denn in späterer Zeit Streitigkeiten und erbitterte Kämpfe zwischen Studenten und Bürgern der Stadt sowie die Verführung zu Ausschweifungen, welche die Grossstadt Königsberg auch damals darbot, diesen Gedanken seinen Nachfolgern nahelegten. Bekanntlich ist aber nicht Wehlau oder Saalfeld, sondern unser „Pregel-Athen" der „Herd des Lichtes im Norden", die Stadt der reinen Vernunft geworden. Der Name Albertina oder Collegium Alberti ist im ersten Jahrhundert keineswegs gebräuchlich gewesen. Die amtlichen Urkunden sprechen von der Academia Regiomontana, während man im Verkehr, Stammbüchern und Gedichten sie Athenae Albertinae, Athenae Prussicae, Pregelana oder nach süddeutscher Form Bregelana nannte. Zum Musensitz für das Pädagogium sowie für die Universität ward der Platz nördlich vom Dome bestimmt, wo bisher die alte Domschule, die Sakristei, die Firmanei und Kreuzkapelle gestanden hatte. Nördlich von der Domkirche ward der Bischofshof erbaut, der in nächster Zeit zu Gunsten einer Turnhalle für das Kneiphöfische Stadtgymnasium abgebrochen werden soll. Östlich vom Dom und zum Teil auch auf der Nordseite, wo heute das Kneiphöfische Gymnasium steht, fanden die beiden Gebäude, die man das alte Kollegium nannte, ihren Platz, während auf der Nordseite 1569 noch ein Gebäude, das neue Kollegium, erbaut wurde. Das sind die ehrwürdigen Räume, in denen bis zum Jahre 1862 die Lehrer der Universität der Weisheit Quellen ihren wissensdurstigen Hörern eröffneten. Das alte Kollegium, dessen Räumlichkeiten teilweise heute der Stadtbibliothek zur Aufbewahrung ihrer Schätze überwiesen sind, zeigt noch auf der Aussenseite das Brustbild des Herzogs Albrecht, unter dem sich das schwarze Brett mit den Mahnungen und Mitteilungen an die Studenten befand. Schon im Jahre 1547 musste der Rektor Sabinus den Studenten untersagen, die Wände des Kollegiums zu bemalen. In den Kellerräumen unterhalb des auditorium maximum ist vor zwei Jahren vom Stadtbibliothekar Wittich der älteste Karzer wieder entdeckt worden, dessen zahlreiche Wandinschriften die Namen der bestraften Musensöhne der Nachwelt überliefern. Der Kollegienplatz, dessen östlicher Teil mit Linden bepflanzt war, gewährte den Studenten und Universitätsverwandten ein Asyl. Kein Stadtknecht durfte hier gebieten oder Hand anlegen. Die Domkirche diente der Akademie als Stätte der Andacht und ihre Glocke begleitete die heitern und ernsten Begebenheiten in ihrem bewegten Leben, wie ja noch heute vor dem Rektorwechsel eine Andacht dort gehalten wird.

Andere Lehrstätten als die genannten kannte man nicht. Da ein anatomisches Theater, dessen Erbauung schon in den Statuten der medizinischen Fakultät (1623) in Aussicht genommen wurde, lange Zeit ein frommer Wunsch blieb, mussten die Sektionen und Übungen im medizinischen Auditorium vorgeführt werden. Als botanischer Garten oder vielmehr als hortus medicus diente der herzogliche Schlossgarten, der reich an auswärtigen Gewächsen und Kulturpflanzen war. Mit einiger Phantasie könnte man die Zimmer, die Herzog Albrecht dem Professor der Medizin, Aurifaber, zur Behandlung erkrankter Studenten im Löbenichtschen Hospital einrichten liess, als die Urzelle der Kliniken betrachten. Von grösster Bedeutung für Hörer und Lehrer der Universität war die von Herzog Albrecht im Jahre 1540 begründete Schlossbibliothek, deren Hauptbestandteil vermutlich die Lehrschätze der Ordensbüchereien, sowie die Sammlungen der aufgehobenen Klöster bildeten. Mit ihr wurden die ehemalige Kammerbibliothek des Herzogs vereinigt, wie auch eine Reihe von erbaulichen Schriften, deren Bände der Herzog mit kostbaren Silberbeschlägen versehen liess, die wertvolle „Silberbibliothek", ihr einverleibt wurde. Sie war im Schloss untergebracht, wurde von einem besonderen Bibliothekar, der nicht selten zugleich Professor der Hochschule war, gehütet. Ihre Benutzung stand Lehrenden und Lernenden offen. Aus ihr ist unsere heutige königliche und Universitätsbibliothek hervorgegangen. Daneben bestand noch eine akademische Bibliothek, die zunächst nur die Drucksachen der Universität enthielt, später durch Beiträge der Studierenden und Pflichtexemplare hiesiger Druckereien vermehrt wurde. Eine Druckerei besass Königsberg seit 1523; eine verbesserte mit neuen Typen ausgestattete richtete Hans Luft hier 1549 ein. Der Buchhandel war zuerst in den Händen der Buchbinder. Im Anfange des 17. Jahrhunderts erhielt die Akademie einen besonderen Platz am Schlossgraben nach der Junkerstrasse zum Buchhandel eingeräumt. Durch ein Vermächtnis des Professors der Rechtswissenschaft, Paul Krüger (1587), erhielten die Professoren für sich und ihre Angehörigen an der Nordseite des Domes ein Gewölbe zur ewigen Wohnstätte nach des Lebens Mühen. Die Kosten sowie den Platz für den Bau der Universität gab der Kneiphöfische Rat in opferwilliger Freudigkeit her, während die beiden anderen Städte, Altstadt und Löbenicht, das Bistum Samland sowie die Herzogin Dorothea aus ihrer Privatschatulle dazu beitrugen.

Anfangs fehlte der Hochschule ein Privilegium, das ihren Urkunden und Promotionen auch in den Augen des Lehrkörpers anderer Universitäten Rechtsgiltigkeit und Anerkennung verliehen hätte. Noch war der kirchliche Charakter, den die mittelalterlichen Kollegien gezeigt hatten, so mächtig, dass selbst ein so streng lutherischer Fürst, wie Herzog Albrecht, dem Rektor Sabinus Schritte bei befreundeten hohen Würdenträgern der katholischen Kirche zur Vermittelung einer päpstlichen Bulle für die Universität gestattete. Sie hatten natürlich ebenso wenig Erfolg wie die Jahrzehnte lang fortgesetzten Bemühungen, vom Kaiser Karl V., der über Herzog Albrecht selbst die Reichsacht verhängt hatte, oder seinem duldsameren Nachfolger ein Privileg zu erhalten. So war es denn natürlich, dass man sich an den polnischen König, den Lehnsherrn des Herzogtums, wandte. Am 28. März 1660 verlieh König Sigismund August der Königsberger Akademie durch feierliches Diplom dieselben Rechte und Privilegien, welche die Krakauer Akademie besass, und bestätigte die bisher durch den Herzog erteilten Vorrechte und Verordnungen.

Der Etat der neuen Universität belief sich in den ersten Jahren auf 3000 Mark, etwa 60000 Mark nach den heutigen Preisverhältnissen. Die Professoren der oberen Fakultäten erhielten ein Gehalt von 200 Gulden, die der philosophischen 100, der letzte nur 50 Gulden. Dies Gehalt wird nach Briefen aus jener Zeit als ein völlig auskömmliches bezeichnet, zumal die Professoren noch andere Einnahmequellen und Vorrechte besassen. So musste das Amt Fischhausen, aus dessen Einkünften die Geldmittel der Universität überwiesen wurden, für eine mässige Entschädigung Korn, Gerste, Erbsen und Butter liefern. Im Laufe des Jahrhunderts fiel die Zahlung hierfür fort, und es traten Lieferungen von Getreide für die Professorenwitwen, sowie Deputate von Holz hinzu. Bei dem stetigen Steigen der Preise für Lebensmittel scheint selbst die Erhöhung der Gehälter um 100 bis 200 Gulden nicht erheblich gewirkt zu haben, so dass die Klagen der Professoren über Nahrungssorgen und Preise der Wohnungen nicht aufhören, zumal die Deputate bei Kriegszeiten entweder gar nicht oder verspätet eingingen. Gewiss waren die Juristen durch Gutachten und Erteilung von Ratschlägen, zum Teil auch durch ihre Teilnahme am Hochgericht, die Mediziner durch ihre Praxis, die Theologen durch Verwaltung der Pfarrämter häufig noch weit günstiger gestellt als die Mitglieder der philosophischen Fakultät, denen höchstens, wie Simon Dach und anderen Gelegenheitsdichtern, die Erzeugnisse der Muse einen kärglichen Gewinn einbrachten. Gerade Dach klagt bitter über die Geldsorgen, schaut mit Neid auf die reichen Vorräte der Holzwiese, während er daneben frieren muss, und bittet die Oberräte:

> Helft mir in meinen Schulden,
> Von den vierhundert Gulden
> Bleibt wenig mein Gewinn.

Die Professoren genossen ausserdem, so oft das auch von den Landständen angefochten wurde, vollständige Abgabenfreiheit, selbst in Kriegszeiten; ihnen stand das Vorkaufsrecht für Lebensmittel auf den öffentlichen Märkten zu, ihr Getreide wurde ohne Entgelt in den herzoglichen Mühlen gemahlen, ihnen wurde ein Gebräu Bier zu ihres Tisches Notdurft geliefert, das sie auch verkaufen durften, ein Vorrecht, das freilich von den Mälzenbrauern der Stadt nicht gern gesehen und nach heftigem Streite noch einmal 1635 durch den König von Polen als rechtmässig anerkannt wurde. Zu ihres Tisches Notdurft durften sie im Pregel fischen und in ihren Häusern sich auch nicht zünftige Handwerker für ihren Gebrauch halten. Die Professoren erhielten auch im Falle von Erkrankungen zunächst ein Jahr ihr volles Gehalt, sodann bis zum Lebensende die Hälfte davon und die Hinterbliebenen schon seit 1557 das sogenannte Gnadenquartal. Bei Erbteilungen blieb die Bibliothek des Professors, da die Bücher sein notwendiges Rüstzeug wären, ausser Ansatz. Der Rang der Akademiker war sehr hoch, wie denn Herzog Albrecht den Rektor seinen lieben Gevatter nannte und bei feierlichen Aufzügen nicht etwa neben einem hohen Offizier, sondern neben oder unmittelbar vor dem Rektor erschien. Dann folgte der Konservator der Universität, der ungefähr dem Kanzler anderer Hochschulen entspricht, der Dekan der theologischen Fakultät, nebst dem Oberburggrafen und Kanzler, hierauf die Professoren der Theologie, der Dekan der Juristenfakultät, andere vornehme Gäste, dann neben einander Mediziner und Philosophen, hinter den Medizinern die drei Bürgermeister der Städte Königsberg, hinter den Professoren der Philosophie die Prediger, Magister, die vornehmsten Ratsherren und die übrigen secundum ordinem.

Die Verfügungen der Universität erlässt mit dem Rektor, der halbjährlich Ostern und Michaelis erwählt wurde, der Senat. Er bestand aus den zwei ersten Professoren der oberen Fakultäten, den vier ältesten Professoren der philosophischen und deren Dekan. Der Rektor wurde in der Regel aus dem Kreise der Senatoren gewählt, indessen gelangten auch Studierende von Adel, wie 1579 des h. R. Reiches Erbtruchsess Baron zu Tautenburg, 1612 ein Baron von

Kittlitz zu dieser Würde, und 1567 führte der spätere Herzog Albrecht
Friedrich das Rektorat. In solchen Fällen waltete dann noch ein
Prorektor des Amtes. Der Rektor entscheidet alle vorkommenden
Rechtsfragen. Denn die gesamte Universität der Lehrenden und
Lernenden, die Buchdrucker und Buchbinder, Sekretär und Pedelle
unterstanden damals der akademischen Gerichtsbarkeit, die das kostbarste Palladium akademischer Freiheit bildete. Vom Rektor stand
die Berufung an den ganzen Senat frei; er verwaltet mit den Dekanen den Schatz, entscheidet über die Aufnahme der akademischen
Bürger, in ältester Zeit auch über Ernennung und Absetzung der
Professoren; ohne seine Einwilligung durfte kein Buch gedruckt werden. Daneben prüften der Rektor und Senat auf Ersuchen Personen,
welche an höheren Schulen Anstellung finden sollten, wie auch die
Revision höherer Schulen der Universität unterstand. In ältester
Zeit wurden die Professoren auf Vorschlag des Rektors und Senates,
nicht selten aber auch durch herzoglichen Befehl gegen den Willen
der Akademie ernannt. Alsbald aber hat die Akademie für sich das
Recht in Anspruch genommen, innerhalb der Fakultäten nach Stimmenmehrheit einen geeigneten Gelehrten zu wählen und ihn dem
Landesherrn lediglich zur Bestätigung zu präsentieren. Sie hat auch
bei mannigfachen Meinungsverschiedenheiten dieses Vorrecht durch.
Beschwerden beim Polenkönig wiederholt bestätigt erhalten. Merkwürdigerweise haben sich aber die Professoren dieses wertvollen
Vorrechtes freiwillig begeben und an Stelle des Vorschlages sich
auf die Empfehlung eines oder mehrerer Kandidaten beschränkt, wie
es scheint, ohne dass von der Landesregierung ein Druck ausgeübt
wurde. Mehr und mehr erhielt dadurch die Universität, welche
früher nach Art der mittelalterlichen Akademieen eine freie Vereinigung von Gelehrten gewesen war, die Verfassung eines Staatsinstituts.
Nur bei den Extraordinarien behielt sich der Landesherr das Recht
der Wahl und Ernennung vor, während seit jenem Verzicht für die
einzelnen freigewordenen Lehrstühle zwei oder drei geeignete Kandidaten von den Fakultäten vorgeschlagen wurden. Privatdocenten im
heutigen Sinne besass die Akademie nicht, dagegen wurden die jüngeren Studenten Gelehrten zugewiesen, die für eine Geldentschädigung
die Studien ihrer Schutzbefohlenen leiten, die Regelmässigkeit des
Kollegienbesuches beaufsichtigen, auch ihnen privatim Nachhilfe gewähren oder Wiederholungen aus den öffentlichen Vorträgen der
Professoren anstellen sollten. Näher verwandt den heutigen Privatdocenten waren die Adjunkten, von denen ein bis zwei von den drei

oberen Fakultäten zur Unterstützung und Aushilfe bei Vakanzen ernannt wurden. Sie durften Vorlesungen und Übungen halten, standen den Dekanen bei den Prüfungen zur Seite und hatten die Aussicht, bei eintretendem Bedürfnis in erster Linie für die erledigten Professuren berücksichtigt zu werden.

Da die Wissenschaften noch nicht wie heute durch Grenzpfähle getrennt waren, so kam esnicht selten vor, dass Professoren zwei Fakultäten zugleich, z. B. der medizinischen und philosophischen, angehörten. Die Thätigkeit der Professoren bestand in erster Linie in der Abhaltung öffentlicher Vorlesungen, deren Inhalt meist durch die Statuten der einzelnen Fakultäten vorgeschrieben wurde. Sie luden bisweilen in verheissungsvollen Aushängeschildern ein und schickten schon damals allgemeiner gehaltene Einleitungen ihren Vorträgen voraus. — Das erste gedruckte Vorlesungsverzeichnis wurde im Jahre 1635 veröffentlicht. Merkwürdigerweise hatten jene vorher erwähnten Präceptoren der Studenten die Aufgabe, ausgefallene Vorlesungen dem Senate anzuzeigen, und die Dekane hatten die Verpflichtung, bei nicht genügender Entschuldigung für die versäumte Vorlesung eine Strafsumme einzuziehen oder Gehaltsabzüge für die Stunde zu machen. Die öffentlichen Vorlesungen waren unentgeltlich. Nur für die anatomischen Übungen wurden von den jungen Studenten, die nicht der medizinischen Fakultät angehörten, je 20 Groschen gezahlt; Privatleute, die nur Sektionen beiwohnen wollten, mussten mehrere Goldstücke erlegen. Übrigens durften auch Vivisektionen von Schweinen und Schafen vorgenommen werden, während merkwürdigerweise Hunde von der öffentlichen Sektion durch Statut ausgeschlossen waren. Das eingenommene Geld wurde teils zum Fonds für Erbauung einer Anatomie, teils zum Anschaffen der verschiedenen Instrumente benutzt; den Rest erhielt der Anatom für seine Mühewaltung. Ausserdem hatte der Professor der Medizin, der zugleich die Botanik lehrte, die Verpflichtung, die Jünger Äskulaps mindestens je einmal im Frühjahr und im Herbst zu botanischen Exkursionen ausserhalb der Stadt herauszuführen, an die sich ein solennes Festmahl anschloss. Übrigens werden solche Gastmähler, bei denen Anstand und Sitte gewahrt werden soll, in den Statuten der medizinischen Fakultät nicht bloss für solchen Zweck, sondern zur Hebung des Gefühls für kollegiale und brüderliche Gemeinschaft besonders empfohlen. Die Zeit der Vorlesungen war auch ziemlich genau festgesetzt. Die Morgenstunde von 7—8 musste für die Andacht, die Nachmittagsstunde von 3—4 für den Theologen frei gehalten werden, damit allen Studenten Gelegenheit geboten werde, sich in dieser Wissenschaft weiter zu bilden. Daneben war es ein wesentlicher Teil der Thätigkeit der Professoren, entweder selbst Disputationen über aufgestellte und durch Druck veröffentliche Thesen abzuhalten oder solche, die von Magistern und Doktoren mit Erlaubnis der Fakultät unternommen wurden, zu leiten. In der Regel begannen die Studenten mit der Opposition, falls sie schon einige Fertigkeit und Redegewandheit erlangt hatten. Ihnen waren die zwei ersten Morgenstunden eingeräumt, dann folgten die Magister, Doktoren und Professoren, oft währten solche Disputationen bis zur späten Abendstunde und wurden namentlich seitens der Theologen mit der grössten Heftigkeit geführt. Die Unterlassung der pflichtmässigen Disputation zog dem Professor eine Geldstrafe zu. Der medizinischen Fakultät lag die Beratung über die Behandlung von Kranken ob, die sich entweder persönlich oder durch ihren Arzt an sie wandten. Sie erhielt nach erteiltem Rat dafür vier ungarische Goldgulden. Bei Armen war auch der Erlass der Bezahlung gestattet, während von Reicheren auch höheres Honorar verlangt werden konnte. Man darf dies als den Anfang einer Poliklinik betrachten. Daneben führte die medizinische Fakultät die Aufsicht über Apotheker und Chirurgen, die sie zur Erfüllung ihrer Pflichten durch besonderen Eid anhalten konnte. Sie nahm auch für sich das Recht in Anspruch, Kurpfuscher und Wunderdoktoren vorzuladen und nach Untersuchung ihrer Heilmittel vor ihnen die Behörden zu warnen.

Die Zeit der Ferien war nur scheinbar eine ziemlich beschränkte. Die Mediziner hatten sogar die Verpflichtung, während derselben Versäumnisse nachzuholen, die innerhalb des Semesters durch Reisen zu Patienten verursacht waren. Ausser den schon damals so bezeichneten Hundstagsferien, deren Festsetzung den einzelnen Fakultäten überlassen blieb, und die im Durchschnitt zwei bis drei Wochen dauerten, wurden nur je acht Tage zur Zeit der drei hohen Feste, sowie zum Fasching und Jahrmarkt freigegeben. Indessen unterblieben die Vorträge auch am Mittwoch und Sonnabend, sowie gelegentlich der häufigen Disputationen, sodass man auf eine freie Zeit von sechs Monaten kommt, wenn man noch die Sonntage hinzurechnet. Ausserdem wurden die Studenten und die übrigen Mitglieder der Universität stets zu den Begräbnisfeierlichkeiten nicht nur für Akademiker selbst, sondern auch für deren Angehörige, sogar für einjährige Professorentöchter, für Herren vom Adel und Stadträte mit der Aufforderung eingeladen, sich pünktlich dazu beim ersten Hall der

Domglocke einzufinden. So wurde damals schon in weiser Fürsicht dafür Sorge getragen, dass auch hier der Baum der Erkenntnis nicht in den Himmel wachse.

Die Studierenden der Akademie waren, wie es natürlich in einer Zeit, die die Zulassung zur Universität von keinem Abgangszeugnis einer Schule abhängig machte, an Herkunft, Alter und Bildung äusserst verschieden. Es entspricht dem demokratischen Charakter, den die Gelehrtenrepublik bewahren soll, dass von ihr kein Stand ausgeschlossen bleibt. So hatte Herzog Albrecht auch die weise Verordnung getroffen, dass alle Preussen, die sich zum Studium nach der Hochschule begeben, für ihre Person frei sein sollten, auch wenn sie zuvor Leibeigene gewesen, und falls sie durch ihr Studium Fähigkeit zur Bekleidung öffentlicher Ämter erlangen sollten, war ihnen auch Befreiung ihrer Güter zugesagt worden. So mancher Student, der mit leerem Ränzel hier einkehrte, verschmähte selbst die untergeordnete Stellung des Pedellen nicht, um sein Dasein zu fristen und sich zu höherer Bildung emporzuschwingen. In wahrhaft freigebiger Weise sorgte Herzog Albrecht dafür, dass auch den Unbemittelten der Zugang zum Studium ermöglicht werden könne. Die Herzogin gewährte armen Studierenden Unterstützungen, gab ihnen eigenhändig Kleidungsstücke und sogar einen beträchtlichen Teil ihres Vermögens zur Errichtung des Collegium Albertinum, in dem 28 Studierende freie Wohnung und unentgeltliche Speisung mittags und abends erhielten und noch je nach Bedürfnis einer grösseren oder geringeren Zahl von Studierenden gegen 5 bis 8 Groschen Entgelt ein freier Tisch gewährt wurde. Das Geld für die Kost wurde anfangs den Studierenden selbst überwiesen, da dieses Verfahren aber aus leicht erklärlichen Gründen zu unregelmässiger Zahlung führte, so wurde die Zahlung später direkt an den Ökonomen geleistet. Dieser führte den klangvollen Titel eines akademischen Propstes, erhielt mit der Vermehrung der halben Freistellen grössere Lieferungen an Getreide, Holz, Bier u. s. w., hatte auch später das Vorkaufsrecht für 300 Ochsen von dem Lande, deren Fleisch nach einer vorliegenden Notiz nur zum Teil von den hungrigen Studenten verspeist wurde, sondern grösstenteils zum Verdruss der Fleischerinnung an reiche Leute verkauft wurde. Immerhin scheint die Speisenfolge, die durch die Statuten vom Jahre 1616 geboten wurde, auch heute nach fast dreihundert Jahren noch immer durchaus unserer Hausmannskost entsprechend. Alle Sonntag sollte ein frisches ganzes und neu gewaschenes Tischtuch auf jeden Tisch aufgedeckt werden. Für die reichliche Zukost, für wohlgebackenes Roggenbrot und kopfweise für ein Stof klares wohlschmeckendes und gesundes Speisebier sollte Sorge getragen werden. Bei der Beurteilung des Dargebotenen muss freilich berücksichtigt werden, dass unser Hauptnahrungsmittel, die Kartoffel, damals in Europa höchstens als Zierpflanze in Blumentöpfen prangte. Für zwei Tage der Woche mögen hier die vorgeschriebenen Speisen, die wohl Lesern und Leserinnen von Interesse sein dürften, als ein wichtiger Bestandteil aus der Geschichte der Albertina nach materieller Richtung hergesetzt werden.

Den Tischgenossen wurde geboten:

Für 8 Groschen wöchentlich.
Sontag. Mittag (11 Uhr).
1. Fleischsuppe.
2. Braten.
3. Kohl, sowren Comps, oder ein ander Gemüss, nach gelegenheit der Zeit.
4. Suppenfleisch einem jeden von Braten und Suppenfleisch zusammen, soll er anderthalb pfundt einhawen lassen.

Sontag. Abends.
1. Fleischsuppe.
2. Suppenfleisch.
3. Beckelfleisch, einem jeden von beiden anderthalb pfund.

Mittwoch. Mittag.
1. Bier, Milch, oder dergleichen Suppe.
2. Aall, oder Fleck sawer abgemacht.
3. Buchweitzengrütze.
4. Fische, Bergerfische oder Butter.

Mittwoch. Abends.
1. Fisch auss dem Saltz, oder auss der Butter, nach gelegenheit.
2. Habergrütze.
3. Lungenmuss, sonst Caldaunen.

Für 5 Groschen wöchentlich.
Sontag. Mittag.
1. Fleischsuppe.
2. Braten, einem jeden ein pfund.
3. Kohl, sowren Comps, oder ein ander Gemüsse, nach gelegenheit der zeit.

Sontag. Abends.
1. Fleischsuppe.
2. Suppenfleisch, einem jeden ein pfund.

Mittwoch. Mittag.
1. Bier, oder dergleichen suppe.
2. Ahll oder Fleck sawer abgemacht.
3. Buchweitzengrütze.

Mittwoch. Abends.
1. Fisch aus der Butter, oder aus dem Saltze.
2. Habergrütze.

An hohen kirchlichen Festtagen wurde die Zahl der Gerichte erhöht oder eine Abwechselung geboten. Da die Universität in erster Linie für Landeskinder bestimmt war, so wurden fast ausschliesslich diese mit Freistellen bedacht. Um der nicht deutschen Bevölkerung brauchbare Hirten und Lehrer zuzuführen, wurde der grössere Teil der Freistellen für Preussen, Litauer und Polen oder, falls Bewerber aus diesen Volksstämmen dazu fehlten, solchen zuerkannt, die Kenntnis dieser Fremdsprachen besassen. Um den genannten Stämmen die Vorbereitung zur Universität zu ermöglichen, wurden drei Fürstenschulen zu Lyck, Tilsit und Saalfeld vom Nachfolger Herzog Albrechts begründet. Daneben gab es eine Reihe kleinerer Schulen und in Königsberg die Domschule, die Altstädtische und Löbenichtsche Schule. Es ist ein günstiges Zeichen für deren Wirksamkeit, dass man 1619 das 1541 begründete Partikular (Pädagogium) aufheben konnte. Freilich geschah dieses auch, weil die Königsberger Schüler mit Vorliebe wegen der grösseren Freiheit, die sie dort genossen, aus den anderen Schulen dorthin zusammenströmten. Da ein Abgangszeugnis von den Ankömmlingen allgemein nicht gefordert wurde, so waren die Kenntnisse der Studierenden sehr verschieden.

Manche entzogen sich frühzeitig dem Schulzwange, um unter dem Schutze der Akademieen ein freieres Leben zu führen. Es wurde wiederholt in akademischen Erlassen vor solcher Fahnenflucht gewarnt und darauf hingewiesen, dass solche unreife Burschen eine klägliche Rolle spielen, die kaum einen Brief schreiben können, jeder Frage mit Erröten aus dem Wege gehen, nicht einmal die Worte, geschweige denn den Sinn der Vorträge aufzufassen imstande seien. Nur wer zum Alumnat gelangen wollte, musste ein Abgangszeugnis der Schule beibringen und wurde vom Rektor besonderer Prüfung unterzogen. Das Alter der Studierenden war bisweilen noch so unreif, dass von einer Vereidigung Abstand genommen wurde. Die Grenze nach unten war vermutlich entsprechend den Bestimmungen für die Alumnen 15 Jahre.

Der Immatrikulation durch den Rektor ging ein merkwürdiger, aber an allen Hochschulen jener Zeit üblicher Akt der Deposition voraus, der hier mehr als 150 Jahre bestanden hat und heute kaum begreiflich erscheint. An einem bestimmten Tage erschienen die jungen Studenten, damals Beani (Gelbschnäbel) oder Bachanten genannt, wie wir heute von Füchsen oder Muli nicht weniger höflich zu sprechen gewohnt sind, in lächerlicher Tracht vor dem Depositor, einem besonderen Beamten der Universität. Nach einigen Ansprachen hetzte dieser mit einer Wurst in der Hand, die mit Sand und Kleie gefüllt war, die Ankömmlinge durch das Zimmer. Dann legte er ihnen scherzhafte Fragen vor: „Hast Du auch eine Mutter gehabt?" Der Knabe antwortete „Ja" und erhielt einen Schlag mit der Wurst und erfuhr die weise Antwort, dass die Mutter ihn gehabt hat. So ging es eine Zeit lang fort. Nachdem sich die jungen Studenten einige Handgreiflichkeiten hatten gefallen lassen, wurden ihnen Hörner auf den Kopf gesetzt und wieder mit dem Beile heruntergehauen, dann wurde ihnen der grosse Bachantenzahn in den Mund gestossen und wieder herausgerissen. Es erfolgte Abschneiden der Haare mit enorm grosser Schere, Reinigung der Ohren mit einem Kolben, Feilen der Nägel. Darauf zogen die Beani mit jenen Würsten heraus und erschienen in ehrbarer Kleidung wieder vor dem Dekan, der sie begrüsste und ihnen das possenhafte Schauspiel erklärte, welches ihnen die Unzulänglichkeit ihres Wissens und die Ablegung (Deposition) ihrer Unarten symbolisch vor Augen führen sollte. Dann kosteten die zukünftigen Söhne der Albertina Salz; denn es sei die Würze der Speise, wie Wissen das Leben verschönere. Schliesslich goss der Dekan ihnen Wein auf den Kopf und gab ihnen das Zeichen der erlangten Deposition. Heute ist von diesen lächerlichen Bräuchen nur noch der letzte Rest erhalten, dass jeder Neuling durch den Dekan der philosophischen Fakultät das signum initiationis, das bis Mitte des Jahrhunderts signum depositionis hiess, erhält, wie auch die Fuchstaufe, die vielfach bei den Studentenverbindungen üblich ist, daraus entsprungen sein mag.

Nach der Deposition erfolgte die Immatrikulation durch den Rektor, für die meist Gebühren gezahlt wurden. Keine Gebühren erhob man bei Immatrikulation von Armen und von solchen, die nur der Form wegen vor Antritt eines Lehramts diese nachsuchten. Sodann wurden auch angesehene Personen für Geld und gute Worte, vermutlich um ihnen das Vorrecht der akademischen Gerichtsbarkeit zu gewähren, honoris causa immatrikuliert. Eine solche Ehre erfuhren Gelehrte und Ungelehrte, Buchhändler und andere Kaufleute. Der bekannte Hofprediger Johannes Funk wurde zehn Jahre vor seiner Hinrichtung in das Album der Universität eingetragen und gab dafür dem Senat ein glänzendes Gastmahl. Ein Apotheker des Löbenichts, ein Verwandter des Rektors, lieferte zu dessen Festessen das Märzbrot und erhielt für diese Gefälligkeit das akademische Bürgerrecht. Wir harren mit Spannung auf die Veröffentlichung der Immatrikulationen unserer Albertina, die demnächst bevorsteht. Es ist mit Recht auf ihre Bedeutung für die Geschichte der ostpreussischen Familien hingewiesen. Im 16. Jahrhundert begegnen wir den hierorts bekannten Namen Bernecker, Brettschneider, Kalau, Dittmar, v. Drygalski, Fibach, Gregorovius, Hallervord, Himmelreich, Maneck, Orloff, Ortlepp, Prätorius, Schucht, Sommer, Wogram, während andere heute in Ostpreussen weit verbreitete Familienzweige erst viel später durch einen aus weiter Ferne hierher versetzten Reiser einheimisch wurden. Mancher Musensohn hat dann dem Namen der Hochschule in fremden Landen Ehre gemacht, wie der von Lobeck in seiner Jubelrede erwähnte Melchior Guilandin. Er war ein geborener Königsberger, unter dem Rektorat von Sabinus hier immatrikuliert, und, nachdem er der Lande viel gesehen, Leiter des botanischen Gartens und Professor der Medizin in Padua. Er war sicherlich nicht der einzige, der den Beweis lieferte, wie einer seiner französischen Biographen zum Ärgernis lokalpatriotischer Gelehrten gesagt hat, dass auch die rauhesten Gegenden unter dem Nordpol gescheite Köpfe der gelehrten Welt liefern können. Des grossen Vaters wegen sei auch als flotter Studio unserer Albertina voll guter Streiche, die ihm des Herzogs Gunst bisweilen entzogen, der älteste Sohn des Reformators Johannes Luther erwähnt, der aber nicht, wie die Lokalsage hier lautet, an der Altstädtischen Kirche Pfarrer gewesen, sondern bei einer Dienstreise im Auftrage eines pommerschen Fürsten im Jahre 1575 hier starb und in deren Gruft am Altar bestattet wurde.

Obwohl das Reisen im 16. Jahrhundert selbst Fürsten jener Zeit beschwerlich und kostspielig war, so machten es doch selbst die Unbemittelten möglich, als Famuli von Professoren oder reicheren Studenten, sowie als Lehrer jüngerer Musensöhne mehrere Hochschulen zu besuchen. Am Anfange des ersten Säkulums der Albertina war es der bevorstehende (Schmalkaldische) Krieg und weit mehr noch am Schluss der verheerende dreissigjährige Krieg, der Studenten aus Nord- und Süddeutschland in das friedliche Land ausserhalb des Reichs trieb. Nur beispielsweise sei erwähnt, dass sich unter acht Studierenden, die 1635 relegiert wurden, ein Livländer, ein Lüneburger, einer aus Delmenhorst, einer aus Dresden, ein Schlesier, ein Holsteiner und einer aus Nürnberg befanden. In den ersten Semestern stieg die Zahl der Immatrikulierten auf 300, sie sank dann jedenfalls zur Zeit von Kriegen und Epidemieen, wie der verheerenden von 1549 und 1620, und hob sich um 1644 zur staunenswerten Höhe von mindestens 1000 Studierenden, wobei freilich mancher studiosus sine studio untergelaufen sein dürfte.

Nach den Gesetzen der Universität, die den Wittenbergischen zum Teil wörtlich und den wesentlichen Bestimmungen anderer Hochschulen jener Zeit entsprechen, müsste man auf eine puritanische Strenge im Leben der Studenten schliessen, wenn nicht erfahrungsgemäss ein Verbot und eine angekündigte Strafe einen Schluss darauf zulassen, was der Jugend gefiel und was sie sich erlaubte. Wir lesen hoffentlich im Geiste des Zöllners, dass schon in den ersten Statuten den Studenten verboten werden musste, Häuser zu belagern, Thüren zu erbrechen, Gärten zu verwüsten, Schmähbriefe zu verbreiten, in Krügen und Schänken stark zu zechen oder Würfel zu spielen, an öffentlichen Tanzvergnügungen teilzunehmen, ungeladen zu Hochzeitsfeierlichkeiten zu gehen und sich dabei wie Satyre im Kreise herumzudrehen. Auch wurde das Tragen von Waffen untersagt, obschon man im 17. Jahrhundert wahrscheinlich Mediziner und Juristen sowie alle Adligen von diesem Verbote befreit hat. Ebenso wurde, freilich auch damals ohne Erfolg, eine Herausforderung zum Zweikampf oder deren Annahme mit Relegation bedroht. Auch gegen Ruhestörungen bei Tag und Nacht wird Karzerstrafe festgesetzt. Befremdlich wirkt heute das Verbot, im Flusse zu baden, das aber auch in Wittenberg, Frankfurt a. O. und sonst ausdrücklich, angeblich wegen der Gefahr eines solchen Wagnisses, in die Statuten aufgenommen war. Die Ermordung eines Studenten gab Sabinus im April 1547 Gelegenheit, vor der späten Heimkehr von Trinkgelagen, besonders an Feiertagen, zu warnen, an denen die den Musen abholden Handwerker trunken auf den Strassen umherirren. Trotz alledem klagte schon Sabinus, dass viele Studenten mehr in Nympheen und bei Trinkgelagen als in Kollegien zu sehen waren, obwohl die Statuten den Besuch von drei Vorlesungen täglich den Studenten zur Pflicht machten. Auch ihre saloppe Kleidung, die bisweilen nicht einmal das Knie deckte und bald kriegerischen, bald possenhaften Charakter angenommen zu haben scheint, erregte schon den Unwillen von Herzog Albrecht und beschäftigte hier wie in Jena und Tübingen und an anderen Universitäten das akademische Tribunal. Noch ausführlicher sind die Statuten von 1554 in allen berührten Punkten. Hier sei nur erwähnt, dass sie den Studenten den Besuch von Gasthäusern, nur um jemand aufzusuchen oder in Begleitung von Privatlehrern oder Eltern und Verwandten gestatten. Niemand — heisst es daselbst — soll einen andern durch „Vorkommen zwingen, ein gleiches Mass nachzukommen". Andernfalls soll der Missethäter zehn Groschen Strafe zahlen. Nun, unsere akademische Jugend dürfte wohl doch damals wie heute mit Witz und Behagen den Becher haben kreisen lassen und nicht im Geiste Wagners, des Pedanten, Fideln, Schreien, Kegelschieben als verhassten Klang empfunden haben. Ebenso dürften die akademischen Behörden der Jugend ihr Toben, wenn es nur nicht in ochsenmässiges Brüllen, wie es zuweilen in Straferlassen gerügt wird, und allzu laute Nachtmusiken ausartete, gegönnt und oft beide Augen zugedrückt haben in der weisen Einsicht, dass nur die „gesättigte Kraft zur Anmut zurückkehrt".

Auf diese Haltung der Professoren lässt schon die Aufzählung der Vergehen bei Relegationen einen Schluss zu, die zum grössten Teil auch heute Gründe zur Bestrafung, bisweilen sogar vor dem Strafrichter, darbieten würden. Strenger als heute verfuhr man gegen säumige Hörer der Vorlesungen, die man wiederholt nach mehrfacher Warnung relegierte. Die zweite Relegation an der Albertina, die die Universität gegen einen überdies nachlässigen Menschen verhängte, erfolgte wegen Verdachts der Zauberei. Sonst finden wir Relegationen wegen Unbotmässigkeit den Universitätsbeamten gegenüber, wegen Ruhestörung, Gewaltthaten gegen Bürger, tierischen Gebrülls im Universitätshofe, Beteiligung an Strassenexcessen, Flucht aus dem Karzer, Mangels an Ehrerbietung gegen den Rektor oder Professoren, wegen Herausforderung zum Zweikampf. Das sind bekannte Studentenstreiche, die, mehr oder minder anmutig ausgeführt, auch heute noch die Aufmerksamkeit der akademischen Behörden auf sich lenken. Wenn im Jahre 1610 ein Studiosus, der im Universitätsgebäude eine Fanfare auf der Trompete geblasen hatte, oder ein anderer relegiert wird, der auf einen Professor, den man nicht einmal durch einen Blick verletzen sollte, mit gezücktem Schwerte losgegangen war, so lag in solchem Verfahren keine besondere Härte. Mehr und mehr kam der friedliche und gute Ton ab, der anfangs die Universität ausgezeichnet zu haben scheint. Im Jahre 1613 erfolgte ein strenger Erlass gegen die Bummler, Müssiggänger, vor allem gegen den Pennalismus auf der Akademie. Dieses Unwesen, das von anderen Universitäten hier Eingang fand, hat der akademische Senat trotz eindringlicher Verbote, die er teils allein, teils wie 1634 im Bunde mit anderen Hochschulen erliess, nicht ausrotten können. Es war die Ausbeutung der jungen Ankömmlinge durch ältere Studierende, die ihnen auflauerten, die Empfehlungsbriefe an Professoren entrissen, sie mitschleppten, mit Wein, den die unglücklichen Opfer selbst bezahlen mussten, bis zur Sinnlosigkeit trunken machten, ihnen Geld und Tabak abnahmen, der bereits 1640, früher als in den binnenländischen Universitäten, in Königsberg bei Studenten sehr beliebt gewesen zu sein scheint. Im Jahre 1635 musste ein bemoostes Haupt den Schauplatz räumen, weil er neben den genannten Misshandlungen den unglücklichen Fuchs noch gezwungen, auf dem Tisch stehend ein Glas Bier, das dazu noch mit Speiseresten und „unaussprechlichen" Dingen gefüllt war, bis zur Neige zu leeren. Er ist einer von vielen, die wegen solcher Roheit vier Jahre auf das akademische Bürgerrecht verzichten und für diese Zeit die Stadt verlassen mussten. In beweglichen Worten, die oft eine komische Fülle Ciceronianischer Phrasen gegen Catilina und seine Genossen enthielten, warnte der Senat durch Aushang der Strafen vor den Unwürdigen, die meinen erst Helden zu sein, wenn sie das Blut anderer vergossen haben. Von den anderen Universitäten strömten viele hierher und brachten die Roheit und Wildheit der Sitten, welche der dreissigjährige Krieg durch die Kriegerhorden im Reiche verursacht und entwickelt hatte, mit nach dem Norden. In jener Zeit sind hier die ersten landsmannschaftlichen Verbindungen (collegia nationalia) entstanden. Man muss diese nicht, wie es bisweilen geschieht, mit der Einteilung in Nationen verwechseln, die an anderen Universitäten, wie Leipzig, Frankfurt an der Oder, Greifswald, neben der Einrichtung in Fakultäten Lehrer und Lernende verband. Unter dem Vorwande der Krankenpflege und Unterstützung bedürftiger Landsleute hatten sich diese Landsmannschaften „aufgethan". Im Verbot vom Jahre 1642 wurde ausdrücklich betont, dass sie eben erst in Königsberg Eingang gefunden hätten. Im Jahre 1643 wurde ein Studiosus Neufeld aus Danzig auf fünf Jahre relegiert, weil er den Jüngern Geld erpresst, andere geschlagen und misshandelt, zu Duellen herausgefordert und, was am verwerflichsten erschien, landsmannschaftliche Vereinigungen zusammengerufen hatte. Die Relegationen erfolgten auf längere oder kürzere Zeit, auf drei, fünf, einmal sogar auf vierzig Jahre oder für Lebenszeit. Die Landsmannschaften scheinen im geheimen fortbestanden zu haben, wie Duelle und Ausschreitungen aller Art, namentlich in den Vorstädten (Bierdörfern), wo man die Augen der akademischen Behörden nicht fürchtete, im Haberberg oder am Litauer und Holländer Baum in unwürdigen Gasthäusern mit Schlägereien und Prellereien trotz aller Verbote blühten. Wie man gegenüber den Raubrittern Trost darin suchte, dass es eben die Besten im Lande thun, so mag für lokalpatriotische Gemüter zum Vergleich ein Verslein aus jenem Jahrhundert hergesetzt werden:

> Wer von Tübingen kommt ohne Waib,
> Von Jena mit gesundem Laib,
> Von Helmstedt ohne Wunden,
> Von Jena ohne Schrunden,
> Von Marburg ungefallen,
> Hat nicht studiert auf allen.

Es wäre eine Entstellung der Thatsachen, wenn man den Eindruck erwecken wollte, als ob Essen, Trinken, Schlafengehen die Hauptarbeit der meisten Studierenden jener Zeit gewesen wäre. So manchem scheidenden Musensohn bezeugte der Rektor und Senat oder ein einzelner Professor, dass er mit Eifer und Erfolg den Studien obgelegen habe. Wem die Wissenschaft selbst nicht die genügende Befriedigung gewährte, der erhielt durch lockende Versprechungen auf Pfründen und Ämter, auf Titel und Würden den notwendigen Sporn zum Studium. Schon Herzog Albrecht hatte in seiner Stiftungsurkunde vom 20. (30.) Juli 1544 den Studierenden seiner Akademie feierlich versprochen, dass sie bei Besetzung öffentlicher Stellen im Herzogtum in erster Linie Berücksichtigung finden und dass die Pfarrer, Prediger, Schulmeister und Stadtschreiber des Herzogtums nur von der Königsberger Universität berufen werden sollten. Dazu kam, dass die Titel eines Baccalaurei, Licentiaten und Doktors nicht wie heute nur einen angenehmen, sauer-süssen Beisatz zum Namen bildeten, sondern Rechte sehr greifbarer und vorteilhafter Art verliehen. So besass ein juristischer Doktor die Anstellungsfähigkeit zum Hofrichter, Konsistorialrat, Bürgermeister, Ratsherr, Syndikus, zum Staatsanwalt und Advokat, kurz zu allen Ämtern, zu denen der Rechtsbeflissene jetzt mit heissem Bemühen und saurem Schweiss nach mehrjährigem Studium und praktischer Übung durch zwei qualvolle Prüfungen gelangt. Ähnlich war es bei der medizinischen Fakultät, bei allen gewährte die Promotion zum Licentiat oder Doktor das Recht oder die Freiheit (licentia), wenigstens privatim die Wissenschaft zu lehren.

Über die Dauer des akademischen Studiums lässt sich schon deswegen schwer ein Urteil gewinnen, weil die Vorbildung der einzelnen Studenten so verschiedenartig war. Das Baccalaureat (von laurus, Lorbeer) konnte man nach den Statuten der philosophischen Fakultät bereits nach einjährigem Studium erlangen. Dies war aber die kürzeste Frist. Denn die Statuten für das Alumnat gewährten zwei Jahre unbedingt den Genuss der Stipendien und verlangten erst für das dritte Jahr das Baccalaureat und erst nach fünfjähriger Studienzeit die Stellung zur Magisterprüfung. Da aber die oberen

Fakultäten eine Reihe von Kenntnissen voraussetzten, die viele sich erst während ihrer Studienzeit aneignen konnten, so dürfte sich bei ihnen eher die Zeit des Studiums erhöht haben. Auch die medizinische Fakultät nahm in ihren Statuten die Würde eines Baccalaureus für diejenigen in Aussicht, welche einige Kenntnisse in den Naturwissenschaften und der Anatomie bewiesen hätten. Es scheint aber, als ob nur die philosophische Fakultät den Lorbeer ausgeteilt, und auch sie hat ihn nur bis zum Jahre 1573 ihren Jüngern gewährt.

Der höchste Grad, den die philosophische Fakultät damals austeilte, war der eines Magisters. Im Jahre 1548 gelangte als erster Martin Chemnitz, damals der Leiter der Domschule (des Kneiphöfischen Gymnasiums), mit zwei anderen zu dieser Würde. Schon im ersten Säkulum ist eine grosse Anzahl akademischer Bürger dazu emporgestiegen, und die Erinnerung an ihren Wohnsitz, das quartier latin des alten Königsbergs, bewahrt noch heute der modernen Geistern sicherlich etwas anrüchige Namen der Magistergasse. Als Zeichen der Befreiung erhielten die Magister u. a. einen runden Hut, sodann einen goldenen Ring, der für sie das Abzeichen des verliehenen Adels war, nicht aber, wie man bereits gegenüber der Begehrlichkeit neuerer Doktoren der Philosophie zu betonen Gelegenheit gefunden hat, das Recht im Schlossteich zu fischen. In den drei oberen Fakultäten fanden in den ersten 80 Jahren der Albertina keine Promotionen statt. Erst im Jahre 1623 forderten sie zu Meldungen dazu auf und verliehen auch dann bis zum Jahre 1640 nur den Grad der Licentiaten, obwohl bereits im Jahre 1624 ein Mediziner sich des Doktortitels würdig erwiesen hatte.

Im Jahre 1640 erfolgten alsdann die ersten Promotionen in den drei oberen Fakultäten. Nur ein Beispiel für den Zeitaufwand und die Mühewaltung dabei sei angeführt, wofür unsere mit Dampf schreibenden und schnell fertigen Kinder des neunzehnten Jahrhunderts kaum mehr als ein mitleidiges Lächeln haben dürften, während dieselben Formen vor 250 Jahren als unzerstörbar betrachtet und verehrt wurden. Es hatten sich um die Doktorwürde ein Theologe, ein Jurist und zwei Mediziner beworben. Obwohl der Theologe (Levin Pouchenius) bereits ordentlicher Professor der Theologie und Hofprediger war, prüfte man ihn dennoch besonders am 6. Februar 1640. Dann hielt er vierzehn Tage hindurch öffentliche Vorlesungen über den 45. Psalm. Nach einer Probepredigt am Sonntag im Dom disputierte er am 2. März vormittags und nachmittags über K. 1 Joh., V. 14 „Und das Wort ward Fleisch". Ähnlich ging es bei den anderen Fakultäten zu, doch währte selbstverständlich die Prüfung bei weniger bekannten Bewerbern länger. Die Mediziner hatten nach ihrer Prüfung noch zwei Fragen für den folgenden Tag zu bearbeiten und in der Versammlung der Fakultät zu erörtern. Als theoretische Frage wurde dem einen der beiden Kandidaten die Frage vorgelegt, utrum foetus in utero vivat vitam matris an propriam, als praktische de lue Venerea. Die Disputation behandelte die Epilepsie. Der andere sprach erstens über die Gehirnthätigkeit, zweitens über den achtzehnten Tag der Brustfellentzündung (Pleuritis). Er disputierte über Nierensteine. Auch der Jurist, der einen vollständigen Schattenriss des römischen Rechts den Hörern unterbreitete, fand vor den Examinatoren Gnade. Bereits im Januar 1640 hatte Kurfürst Georg Wilhelm den 14. März zum Tag der Promotion ausersehen. als Ort die Schlosskirche bestimmt und sein Erscheinen, sowie das seines Sohnes zugesagt. Während sonst der Doktorschmaus dem Promovierten zur Last fiel, verhiess der gnädige Landesherr: Wollen auch für dieses und zum Ersten mahl unsere Churfürstliche Milde erscheinen lassen, und zum Convivio auss unserer Küche und Keller zehen Tische auf dem langen grossen Saal Speisen lassen, hinforder aber solches zu keiner Sequel (Folge) angezogen werden, wenger uns dazu verbunden wiessen wollen. Wonach Ihr Euch zu richten, und bleiben Euch sonsten mit gnaden zugethan." Es verlautet nicht, dass ein Späterer zur Herrichtung seines Doktorschmauses Ansprüche an das Herrscherhaus gemacht hat. Das sonst nach Promotionen übliche Festessen, das die jungen Doktoren statutengemäss zu geben hatten, sollte nicht zu aufwandreich sein. Es wird als ein Frühstück bezeichnet, das nach den Vorschriften von Juristen und Theologen höchstens bis 9 Uhr abends währen sollte. Nur die Mediziner setzten in ihren Statuten als Zeitgrenze für das Mahl die fünfte Abendstunde fest und gestatteten bloss bei Verbindung des Doktorschmauses mit der Hochzeit des promovierten Kandidaten Fortsetzung bis zur späten Abendstunde. Die Einschränkung hatte wohl ihren Grund darin, dass die Mediziner allein zum Festmahle ehrbare Frauen und Jungfrauen einladen durften. Da es ihnen gestattet war, mit diesen ein Tänzchen zu wagen, gerade so als ob Hochzeit wäre, so musste deswegen das Mahl verkürzt werden.

Am 11. März erschien die feierliche Einladung zur Promotion am schwarzen Brett, wurde in der Domkirche sowie in den Gotteshäusern von Altstadt und Löbenicht verteilt und für glücklichen Fortgang gebetet. Weihevoll läuteten um 8 Uhr morgens des 14. März die Glocken vom Dom und Schloss die Feier ein. Der Professor der Eloquenz, Valentin Thilo, begrüsste in schwungvoller Rede der Gäste ungezählte Scharen, unter denen sich auch die Bürgermeister von Tilsit, Heiligenbeil und Bartenstein befanden. Der Zug, der sich um 9 Uhr vom Dome nach dem Schlosse in Bewegung setzte, war nicht wesentlich in der Zusammensetzung von dem für jede Doktorpromotion in den Statuten vorgeschriebenen Ceremoniell verschieden. Flötenspieler schritten voran, dann folgten sieben Paare Knaben mit brennenden Fackeln, sodann Lehrer und Schüler der oberen Fakultäten. Der Zug wurde durch den Kanzler und Obermarschall im Schlosshofe empfangen und nach der Schlosskirche geleitet. Dort thronte bereits, umgeben vom Kurprinzen Friedrich Wilhelm und anderen Prinzen neben der Gemahlin, die ein Kranz erlauchter Frauen umgab, der Kurfürst Georg Wilhelm. Nach einer längeren Predigt und Gebet durch einen Professor der Theologie sprach namens der drei Fakultäten der Dekan der theologischen Fakultät, natürlich, wie alle folgenden Redner, in lateinischer Sprache, rühmte die Wohlthaten, die die Universität unter den schützenden Fittichen des weissen polnischen, des schwarzen preussischen und des roten brandenburgischen Adlers erfahren habe, und verbreitete sich dann über die Verdienste der einzelnen Kandidaten. Er vollzog zugleich ohne Ceremoniell die Ehrenpromotion an dem schon mehrfach erwähnten Professor der Medizin Daniel Beckher. Es erfolgten der Reihe nach die Vereidigung und Promotion der einzelnen Kandidaten, welche in allen Fakultäten den Statuten gemäss fast gleichartig erscheint. Es sei hier nur beispielsweise die des Juristen geschildert. Der Dekan der juristischen Fakultät hielt zunächst eine längere Ansprache über das verderbte Jahrhundert und über den Thron der Gerechtigkeit, deren Inhalt dreizehn Druckseiten einnimmt. Dann erfolgte die Promotion, bei der der Dekan um so grössere Kürze in Aussicht stellte, je weitschweifiger er vorher aus Liebe zur Gerechtigkeit wider Erwarten gewesen wäre. Indessen erscheint der Worte Fülle auch weiterhin bewundernswert. Nach dem Eide bestieg der promovierte Kandidat das höhere Katheder, erhielt einen runden roten Hut, ferner einen goldenen Ring, die Abzeichen der Freiheit und des Adels. Dann legte man dem Kandidaten ein geschlossenes Buch vor, damit er daraus die Lehre ziehe, er müsse auch ohne Bücher über vorgelegte Fragen entscheiden können; darauf öffnete man das Buch, um anzudeuten, dass er nicht von den alten Rechtssprüchen abirren oder jemals Überdruss am Studium von Büchern empfinden dürfe. Zum Schluss vor der feierlichen Promotion gab der Dekan dem Doktor einen Kuss, der ähnlich dem noch heute üblichen Bruderkuss der Geistlichen ein Symbol der „unbestochenen, von Vorurteilen freien Liebe" unter den Gelehrten sein sollte. Der Doktor juris setzte dann seine Ansichten über die wahre und falsche Staatskunst auseinander. Die Theologen dagegen und die Mediziner erhielten von Kindern je eine Frage zur Beantwortung vorgelegt. So wurde dem Theologen die „Doktorfrage" von seinem Sohne vorgelegt, wo die evangelische Kirche vor Luthers Wirken gewesen wäre. Der Doctor medicinae beantwortete die an ihn gerichtete Frage, ob das Rauchen der Gesundheit zuträglich sei. Der junge Doktor nannte zuerst die für den Tabak angeführten Gründe, er beseitige Durst und Hunger, sei ein Gegengift gegen das Pfeilgift der Kannibalen, gewähre Labsal bei Mattigkeit, vertreibe Würmer aus dem Kopf, mache ihn frei und befördere das Niesen, sein Saft röte die Gesichtsfarbe, heile eine Reihe von Haut- und Augen-, Ohren- und Magenleiden. Auch gegen Epilepsie, Asthma u. s. w. werde er angewandt. Es darf uns diese Zusammenstellung nicht befremden, da der Tabak nicht als Genussmittel, sondern wegen seiner angeblichen Heilkraft seinen Weg durch Europa gefunden hat. Im Verlaufe der Erörterung sprach der Doktor der Medizin dann ungefähr so, wie die Jünger Äskulaps sich auch heute über den Tabak äussern würden. Er war gegen seine Anwendung im Heilverfahren, bestritt seine nährende Wirkung, hielt ihn wegen seines Duftes für einigermassen belebend und warnte vor allem die „Kapnophilen" (Rauchliebhaber) vor dem unmässigen Rauchen. So besonnen dachte man an der Albertina über das Rauchen in einer Zeit, in der Papst Urban VIII. († 1644) einen Bannstrahl gegen Raucher und Schnupfer schleuderte. Die Feier — denn wir sind leider noch bei der Promotion — schloss mit dem Hoch auf den Kurfürsten oder vielmehr, wie man hier sagte, auf den Herzog Georg Wilhelm, der aus den Händen des Rektors einen Lorbeerkranz entgegennahm. Dann ertönten auf hohen Befehl Pauken und Trompeten der Hofkapelle, und man ging zum Mahle.

Die Zeit des „idealen Schwungs" ist für immer vorüber, in der während eines verheerenden Krieges nicht nur der Kreis der Akademiker, sondern auch trotz der Schwedennot in Brandenburg der eigene Landesherr Musse und Lust hatte, solcher Feier beizuwohnen.

„Jetzt rennt der Dampf, jetzt brennt der Wind,
  Jetzt gilt kein Früh und Spat,
  Die Sonne malt und blitzgeschwind
  Briefschreibt der Kupferdraht."

Wer würde heute noch die Ruhe suchen und finden, eine so grosse Zahl akademischer Reden in lateinischer, deutscher, griechischer, selbst hebräischer Sprache zu hören, wie sie das Universitätsjubiläum der Albertina im Jahre 1644 verherrlichten. Die Feier begann am 27. August mit Jubelpredigten am Vor- und Nachmittage im Dom und schloss am 14. Oktober mit fünf Reden. In dieser Zeit wurden 2 Theologen, 3 Mediziner und 11 Philosophen promoviert. Der Inhalt der Reden ist, soweit er vorliegt, dürftig und ohne tiefere Beziehungen zur eigentlichen Feier, während der Umfang auch den grössten Ansprüchen genügen würde. Wie weit der grosse Kurfürst den Wünschen des Senats zur Bewilligung von Geldern für die Festlichkeiten entgegengekommen ist, ist bisher nicht ermittelt. In Aussicht genommen waren zwei Gastmähler, die auf 3000 Mark veranschlagt waren, und etliche Mahlzeiten, zu denen die Herren Dekane die Studenten einladen sollten. Am 27. August, dem ersten Tage der Jubelfeier, wurde auch von etlichen Patrioten eine lateinische Komödie von Frischlin, Hildegard die Grosse (Gattin Karls des Grossen), in deutscher Übersetzung aufgeführt. In einem Prologe feierte Pallas in Alexandrinern den Herzog Albrecht als Stifter der Universität und den grossen Kurfürsten als ihren Schutzherrn. Ausserdem scheinen noch drei Zwischenspiele aufgeführt worden zu sein, die mit der Haupthandlung in keinem Zusammenhang stehen und Bilder aus dem Bauernleben jenes Zeitalters in niederdeutscher (Königsberger) Mundart geben. (Der Gartbruder vor dem Dorfrichter. Hansemann und die hübsche Polin. Die Schulzenprobe.) Mit Zaudern hatte auch Simon Dach sein Singspiel Sorbuisa (Borussia) dem Senate überreicht. Es wurde am 21. September aufgeführt und später in Gegenwart des grossen Kurfürsten, der der Jubelfeier selbst nicht beiwohnte, wiederholt. Den Inhalt des Singspiels bildete die Befreiung Sorbuisas (des Herzogtums Preussen) von Wustlieb, dem Vertreter der preussischen Barbarei und von Wurschkaytes, dem heidnischen Götzenpfaffen, die auf Rat von Pollentius (Bischof Polenz) durch Einführung Apollos und den neun Musen auf dem „Helikon" am Pregel bewirkt wird. Sabinus, der stattliche Poet, hat die Musen hierhergeführt und entlarvt später Wustlieb, der durch Zauberei seine Gestalt angenommen und auf diese Art Uneinigkeit und Zwist unter den Gelehrten gesäet hat. Wustlieb, sein Weib Domdeyke, sowie Wurschkaytes müssen das Feld räumen. Dieses heitere Spiel scheint in dem gesprochenen Text, der nicht erhalten, nach Andeutungen Dachs zuweilen recht derbe ostpreussische Worte enthalten zu haben. Zum Schlusse seiner Dichtung preist Dach die Wohltbaten der Herrscher von Herzog Albrecht bis zum Grossen Kurfürsten und den Zustand der Universität:

> Die Jugend seh' ich als ein Heer
> Getrieben durch der Zeit Beschwer
> Nach Königsberg in Preussen ziehen;
> In dem das Deutschland untergeht,
> In Brand und seinem Blute steht,
> Wird Fried' und Kunst in Preussen blühen.

Glücklicherweise ist nur der letzte Teil dieser Weissagung in Erfüllung gegangen. Aber wie in der Wissenschaft, so darf auch in politischen Fragen nicht der Standpunkt der eigenen Zeit den Massstab für die Beurteilung der Vergangenheit liefern.

III.

Wenn nach dem bekannten Ausspruch des dunklen Philosophen aus Ephesus der Streit der Vater aller Dinge ist, so muss die Zahl der Erzeugnisse auf der Albertina eine ausserordentlich grosse gewesen sein. Denn sinnbethörend wie der Eumeniden-Sang klingt während des ganzen zweiten Säkulums Glaubenszwietracht und Verketzerung durch alle Worte und Thaten der Gelehrten hindurch. Wie „eine ewige Krankheit" vererbte sich der Hader der Theologen von Geschlecht zu Geschlecht. Vergeblich war der Stände und des Kurfürsten Mühen, die ewige Fehde mit „stachellichten und schimpflichen Ausdrücken" in Vorlesungen und Schriften beizulegen. Auch über den Tod hinaus währte der fanatische Hass gegen den Gegner. Dem 1650 gestorbenen Professor der Theologie Behm verweigerte sein streitbarer Kollege Myslenta, der zugleich Domprediger war, das Begräbnis in der Domkirche und fand dabei Schutz beim Konsistorium und den Städten. Erst nach zwei Jahren wurden seine Gebeine vom Sackheimer Kirchhof nach der Professorengruft gebracht. Wegen dieser theologischen Streitigkeiten war nach einem von den Ständen abgefassten Bedenken die „Akademie, das grösste Kleinod des Vaterlandes, bei allen auswärtigen Universitäten anrüchig und verdächtig geworden."

In der Mitte des sechzehnten Jahrhunderts hatte sich bei den Anhängern der lutherischen Kirche eine Vermittlungstheologie entwickelt, die zwar streng an den evangelischen Grundsätzen, abgesehen von einzelnen Fällen, festhielt, aber doch Versöhnung und Duldung als Ziel im Auge behielt. Diese Richtung, die unter dem Namen des Synkretismus bekämpft wurde, gewann in Königsberg mehr und mehr an Boden, so dass nach einer Denkschrift der Geistlichen von vielen lutherischen Orten den Studiosen verboten wurde, nach Königsberg zu gehen. In der That lehnte man sich vielfach an katholische Vorschriften an, wie denn zwei Professoren in der Schlosskirche predigten, dass man 40 Tage vor Ostern und jeden Mittwoch und Freitag fasten solle. Man sprach von einer allgemeinen apostolischen Kirche. Natürlich blieben die Gegner in Gotteshäusern und Hörsälen ebenso wenig still. Es erfolgte ein frischer fröhlicher Krieg, in dem beide Parteien einander verklagten. Der Grosse Kurfürst ging zwar auf eine Absetzung nicht ein, untersagte aber „bei Vermeidung ernstlichen und härteren Einsehens dergleichen neuerliche Meinungen" zu lehren. Er verbot (1671) „für Kanzel und Katheder jeden Streit und Zank. Die Lehrer sollten selbst miteinander, wie's christlichen rechtschaffenen Kirchendienern wohl ansteht, die gebotene Liebe, Sanftmut gegeneinander üben, dagegen das Verketzern und Verdammen meiden und also in der That erweisen, wessen Diener und Jünger sie seien." Natürlich hörte der Streit um so weniger auf, als thatsächlich mehr und mehr zur Freude der Jesuiten, die sich seit 1650 in Königsberg eingefunden hatten, die Lehren der Synekretisten sich dem Papismus, wie man damals sagte, näherten. Der Führer dieser Richtung, Johann Philipp Pfeiffer, seit 1685 ausserordentlicher Professor der Theologie an der Albertina, zeigte in Wort und That eine so auffallende Hinneigung zur römischen Kirche, dass man ihn seines Amtes entheben musste. Er ging dann im Jahre 1694 nach Heilsberg, erhielt die Tonsur, starb aber schon nach Jahresfrist. Die katholische Kirche bezeugte ihre Genugthuung über den Glaubenswechsel des Professors der Theologie durch ein glänzendes Begräbnis. 160 Wachslichter beleuchteten den Sarg, der auf einer mit schwarzem Sammet bedeckten Bühne stand. Drei Bischöfe und viele Adlige folgten der Leiche. Dem Beispiele Pfeiffers schlossen sich einige Studenten und mehrere Docenten, sowie Professoren der Jurisprudenz und Medizin an. Natürlich mussten sie ihr Amt aufgeben. Unter den Zweiflern, die zum Katholizismus neigten, befand sich auch ein Königsberger Magister Ernst Grabe, der schon zuvor aus Gewissensbedenken eine ihm angebotene Professur abgelehnt hatte. Kurfürst Friedrich III. sah zwar ungern, dass „diese Seelen den verdammlichen Irrtümern des Papsttums sich ergeben", war aber ebenso wenig wie sein Vorgänger gesonnen, einen Gewissenszwang zu üben. Grabe musste nun wandern, und fand schliesslich im Schosse der anglikanischen Kirche Ruhe, erlangte bald durch seine Arbeiten von Oxford aus einen Weltruf und erhielt nach seinem Tode (1711) ein Alabasterdenkmal in der Westminsterabtei Londons.

Erst im 18. Jahrhundert begann jene Richtung zum Papsttum aufzuhören, seither standen sich gelehrte Orthodoxie und werkthätiger Pietismus gegenüber. Dem vielgeschmähten Pietismus, der von Berlin und Halle hierher verpflanzt wurde, verdanken wir die Begründung des Friedrichskollegiums durch Gehr und Lysius sowie die Einrichtung von Armenschulen. Er wurde anfangs feindselig betrachtet, gewann aber mehr und mehr Boden. Sein Vorkämpfer im Kampfe gegen die „Mucker" wurde der 1732 zum Professor der Theologie ernannte Franz Albert Schultz, der auf Schule und Kirche grossen Einfluss gewann und die beiden Gegensätze, Wolffsche Philosophie und Pietismus zu vereinigen wusste. Auf der Seite der Orthodoxen war der Führer Johann Jakob Quandt, der neben den klassischen Sprachen Hebräisch, Arabisch, Französisch, Englisch sowie Italienisch und Holländisch beherrschte. Seinen Worten auf der Kanzel lauschte unbeweglich Friedrich der Grosse als Kronprinz; noch als Greis feierte er den „berühmten Quandt", der nicht nach Gebühr gewürdigt würde. Unversöhnbare Gegensätze im Glauben und in Lebensrichtung trennten beide Männer und ihre Anhänger. Nicht mit Unrecht und vermutlich unter dem Einfluss von Quandt, der 1736 in Leipzig gewesen, liess Frau Gottsched 1737 ein nach berühmtem Muster verfasstes Lustspiel „Die Pietisterei im Fischbeinrocke oder die doktormässige Frau" in Königsberg spielen. Die Hauptpietistin fällt in Ohnmacht, sobald sie einige Führer der Orthodoxen nennen hört, und kommt erst zu sich, wenn die Magd ihr Namen von Pietisten wie Arnoldt (Königsberger Professor) zuruft. Offenbar um eine Burg der Pietisten zu treffen, wird im Lustspiel erzählt, dass man nachts in einer „übel berüchtigten Vorstadt von Königsberg", der Lastadie, einen Geistlichen antrifft, der als einer aus dem Friedrichskollegium ermittelt wird. Nur eine Probe sei gegeben, wie der Pietismus im Dialekt der Fischbrücke von Frau Ehrlichin gegenüber dem Lehrer ihrer Tochter Magister Scheinfromm besprochen wird: Frau Ehrlichin: Ja, du böst der rechte Kerl tor Seligkeit; du sullst myne Tochter wohl föhren en den Himmel, wo die Engel met Külen dantzen. Wat meent se wohl, Frau Nabern! Eck schek em myne Tochter ent Huuss, dat he se sall en der Reelgon enfermeeren; denn eck wöll se op Ostern tom heilgen Avendmaal nehmen. On de verfloockte Kerl es dem Meeken allerly gottlos Tüg anmoden. Eck seh! se siht ut! se grient; eck frag er: Endlich kömmt herut, wat Herr Scheinfromm vor een schöner Herr es. Da sall em de Düvel der veer halen. Eck wöll en vort Konsistorien kriegen...." Man sündigte innerhalb und ausserhalb der Mauern Trojas. Die Gegenpartei der Pietisten brachte unter den Beschwerden, die dem Huldigungslandtag von 1740 überreicht wurden, die wunderliche Anschuldigung vor, dass Professor Salthenius, ein Anhänger von Schultz, einen Pakt mit dem Satan abgeschlossen und einen Jüngling, der im Collegio Fridericiano gewesen, zu gleichem Vertrage verführt habe.

Der engherzige Geist der Unduldsamkeit war keineswegs auf die Theologen beschränkt. In dem 1701 begründeten königlichen Waisenhause erhielten den Unionsbestrebungen des königlichen Stifters Friedrichs I. entsprechend lutherische und reformierte Knaben zugleich das Abendmahl. Der Präses des Konsistoriums, der Professor des Rechts Boltz, setzte unter Ausstellung von Kleinigkeiten eine Beschwerde darüber auf und meinte, dass der in Königsberg florierende Handel nicht geringen Schaden leiden werde, wenn ein Päpstlicher nicht seine päpstliche, ein Reformierter nicht eine aufrichtige reformierte, ein Lutheraner nicht eine aufrichtig rein evangelische Religion finde, sondern eine vierte, welche die Fremden in ihrem Glauben zweifelhaft machen und mit ihrem Handel und Wandel aus diesem Ort vertreiben werde.

Die Zahl der Juristen stieg im zweiten Säkulum auf vier ordentliche und fünf ausserordentliche Professoren, wie denn auch der Umfang des Gebietes in den Verzeichnissen der Vorlesungen erweitert erscheint. Neben dem römischen Recht wird das Landrecht sowie Völker- und Naturrecht im Anschluss an Grotius gelehrt. Noch heute von Bedeutung ist die Sammlung von Gesetzen und Edikten, die der Professor Georg Grube im Jahre 1721 herausgab. Es ist aber auffallend, dass bei der Ausarbeitung des preussischen Landrechtes, das in demselben Jahre durch Cocceji veröffentlicht wurde, kein Akademiker zugezogen wurde. Eines besonderen Ansehens und Rufes erfreute sich Reinhold Friedrich Sahme, der 1739 in den Adelstand erhoben und 1744 zum Kanzler und Direktor (Kurator) der Universität ernannt wurde. Am Eingange dieser Epoche hielt der Professor des Rechts Adam Riccius es für notwendig, eine gründliche Widerlegung der Behauptung zu schreiben, dass er vom Katheder die grammatikalische Sünde begangen habe, iuvare mit dem Dativ zu konstruieren. Sahme dagegen, sein Fachgenosse nach hundert Jahren, legte Wert darauf, auch fachwissenschaftliche Erörterungen in der Muttersprache zu veröffentlichen.

Grösser und sichtbarer erscheint dem Laien der Fortschritt in der Medizin, die von fünf ordentlichen Professoren gelehrt wurde. Mit grosser Thatkraft wandten sich die Professoren gegen einen Kurpfuscher Dr. Möller, der aus Kohlen, Ziegel und einigen geheimen Zuthaten ein Universalmittel zur Heilung aller Krankheiten erfunden zu haben behauptete. Im Mai 1661 hielt der Senior der Fakultät eine Disputation darüber; da trat unerwartet der angeklagte Möller hinein und wollte vor aller Augen sein Universalpulver bereiten. Da einige der anwesenden Studenten ihm beistanden, andere ihn hindern wollten, musste die Disputation abgebrochen werden. Vier heftige Streitschriften wurden indessen darüber gewechselt. Die Botanik wurde 1738 von der Anatomie gesondert und einem Professor allein anvertraut. Der Kreis der Vorlesungen wurde auf weitere Gebiete ausgedehnt, Frauenkrankheiten und andere specielle Teile besonders behandelt. Namentlich muss der Bau eines anatomischen Theaters, das Professor Büttner 1738 auf seine Kosten auf dem ihm von der Landesherrschaft angewiesenen wüsten Platz neben dem blauen Turm am Pregel errichten liess, grosse Förderung des medizinischen Studiums herbeigeführt haben. Büttner selbst erfreute sich eines besonderen Rufes in der gerichtlichen Medizin und wird noch heute in ihrer Geschichte rühmlich erwähnt. In ihr hat auch der Königsberger Professor der Medizin Boretius eine besonders ehrenvolle Stelle, da er nach einer Reise nach England als einer der ersten in Deutschland in besonderer Schrift (1722) auf die Einimpfung der Pocken aufmerksam machte, ihre Wirkung begründete und die Behauptung widerlegte, dass ein solches Impfen wider die Nächstenliebe stritte und ein Eingriff in die Rechte Gottes sei. Die Kreierung eines Lehrstuhls der Chirurgie, die beantragt war, blieb zwar noch ein frommer Wunsch der Fakultät, aber auch hier folgte die Wissenschaft den neuesten Errungenschaften und scheint namentlich bei Steinoperationen Erfolge die Aufsehen erregten, gehabt zu haben.

Vielleicht die bescheidenste Stelle behauptete die philosophische Fakultät der Albertina, die bald darauf die Fackel der Wissenschaft den anderen vorauszutragen bestimmt war. Fortschritte waren auch hier zu sehen, und „man findet das, was man nicht wachsen sieht, mit der Zeit gewachsen." Namentlich in der Experimentalphysik sowie Astronomie machte man bemerkenswerte Entdeckungen. Neue Wissenszweige, wie Geographie und Meteorologie, wurden in den Kreis der Vorlesungen gezogen. In der Philosophie herrschte Aristoteles, dessen Schriften manche Lehrer der Universität zum Teil auswendig anführen konnten. Er galt noch bis Ende des 17. Jahrhunderts und einigen besonders starren Köpfen des 18. als unfehlbar. Eine abweichende Meinung hielt man für gefährlich. Erst allmählich fanden auch die Lehren von Descartes nach Wende des 18. Jahrhunderts Eingang. Gottsched, der Sohn eines Juditter Pfarrers und bekannte Dichter, der von 1713—1723 hier studierte, hörte sie hier vortragen. Als ein Hecht in dem bisher ruhigen Karpfenteich erwies sich der Professor der Physik Christian Gabriel Fischer, der die Philosophie Wolffs, des Schülers und Nachfolgers von Leibnitz, hier zu lehren anfing. Er war zum Schrecken der Pietisten zwar nicht der einzige Anhänger dieses Philosophen, aber er allein wagte auch weiter Wolffs Behauptungen zu verteidigen, als dieser durch ein Gebot des Königs Friedrich Wilhelm I. wegen seiner Lehren, die der Religion entgegenständen, im Jahre 1723 aus dem preussischen Staatsgebiete verbannt war. Daneben bekämpfte er auch die Pietisten. Er wurde daher auf Grund einer Kabinetsordre vom November 1725 gezwungen, binnen 24 Stunden Königsberg, binnen 48 Stunden ganz Preussen zu räumen, weil er sich unterstanden habe, „die von der Philosophischen Fakultät allda neu gesetzten Professores in seinen Kollegiis schändlich durchzuziehen, in gleichen sei er auch vorhin schon den bösen Principiis ..... Wolffs gefolgt." Als später im Jahre 1737 der Bann gehoben war, kehrte Fischer nach Königsberg zurück, ohne weiter amtlich zu wirken. Er erregte dann noch durch ein stark rationalistisch gefärbtes Buch einen Sturm der Entrüstung. Sein Buch, das er der notwendigen Censur entzogen hatte, wurde verboten, ohne dass sein Ansehen dabei litt. Zu den bedeutendsten Schülern Wolffs gehörte später Martin Knutzen, der aber an dieser Stelle nur wegen seines Schülers Kant Erwähnung findet. „Er war der einzige Lehrer, der auf sein Genie wirken konnte."

Der gewaltige Strom von Reden und Gedichten schwoll im zweiten Säkulum der Albertina noch mächtiger an als im ersten. Der Dichtermund Simon Dachs verstummte für immer im Jahre 1659. Dach war „aus sonderbarem Ästim" mit Übergehung der üblichen Reihenfolge im Sommer 1656 Rektor geworden; auch der grosse Kurfürst hatte sein Leben durch Schenkung eines Gutes von $10^1/_2$ Hufen (Kuckeim bei Kaymen) sorgenfreier gemacht. Nach ihm gab es noch eine Zahl von Dichtern und Dichterlingen in und ausserhalb der akademischen Zunft, die in allen möglichen Sprachen und Versmassen sangen und zwitscherten. Aber grosse Freude an diesem Dichterhain dürfte niemand haben, wie auch die Beredsamkeit noch immer mehr auf die Form als auf den Inhalt Wert legte. Indessen selbst ein so kläglicher Versmacher, wie der Professor der Poesie Georgi, verdient Erwähnung, da er als erster hier wagte, ein Privatkolleg über deutsche Dichtkunst anzukündigen. 1698 ist dieses für die Geschichte der deutschen Poesie auf der Albertina wichtige Jahr, während bereits 1691 der Professor der Eloquenz neben Übungen in der lateinischen Sprache auch solche in der Muttersprache leitete. Die Zeit und Mühe, die auf diese Gymnastik verwendet wurde, scheint nicht gross gewesen zu sein, da ein so gewissenhafter Schüler wie Gottsched bekennt, erst in Leipzig einen Fluss in der deutschen Rede erlangt zu haben. Im Reglement von 1735 wurden Übungen in deutscher Sprache und Poesie vorgeschrieben. Dagegen entfalteten die akademischen Perücken wahre Staubwolken um sich, als Christian Cölestin Flottwell im Jahre 1737 die Bitte aussprach, ihm eine besondere Professur für deutsche Beredsamkeit mit Sitz und Stimme in der philosophischen Fakultät zu übertragen. Obwohl die Feindseligkeit der Pietisten und persönliche Gegensätze bei dem Auftreten der Fakultät gegen das Gesuch Flottwells eine Rolle spielten, war auch noch ein wirklicher Beweggrund die Befürchtung, dass die lateinische Sprache durch die deutsche in den Hintergrund gedrängt werden könnte. Die Kraft, die das Böse will, schafft oft das Gute. Da Flottwell erst unter Friedrich dem Grossen zur Professur gelangte, bildete er um sich einen Kreis von Jüngern, dem er die „Vormundschaft über die verwaiste Muttersprache" anvertraute. In demselben Jahre 1743, in dem hier ein Lehrstuhl für deutsche Beredsamkeit geschaffen wurde, wurde durch Flottwell die königlich deutsche Gesellschaft begründet, die jetzt auf eine mehr denn hundertfünfzigjährige Thätigkeit zurückblickt. Beide Ereignisse bedeuten den Sieg neuer Bildungsideale über die alten, den Sieg der Muttersprache über die Weltherrscherin der Vergangenheit, das scheinbar ewige Latein.

Im Jahre 1739 hielt sich der Kronprinz Friedrich in unserer Stadt auf. Der grosse Fritz äusserte sich sehr ungnädig über Königsberg, das „besser Bären aufziehen, als zu einem Schauplatz der Wissenschaften dienen könne". „Müssiggang und Langeweile scheinen ihm die Schutzgötter der Stadt zu sein." „Dies Land, das so fruchtbar an Pferden, so gut angebaut und bevölkert ist, bringt nicht ein einziges denkendes Wesen hervor." Ein Jahr, nachdem der König diese harten Worte geschrieben, wurde Immanuel Kant Bürger der Albertina.

IV.

Der grosse Kurfürst ermahnte in seinem Testamente seinen Nachfolger, vor allem darauf zu achten, dass „vornehme und gelehrte Leute zu Professoren angenommen und bestellt werden, davon Ihr zuvörderst und dann die Universitäten Ehre und Ruhm haben mögen." Die Einkünfte der Universität seien zu vermehren und die Professoren zum Fleiss in ihrem Amt und treulichem Unterricht der Jugend anzuhalten. Er selbst und seine Nachfolger haben diesen Grundsatz befolgt. Die Zahl der Docenten stieg bis auf 50. Er vermehrte nicht nur die Deputate in Holz, sondern wies der Universität auch zur Erhöhung der Gehälter und Verbesserung der Gebäude die Geldstrafen aus gewissen Injurienprozessen an. Sein Nachfolger setzte eine neue Regelung der Gehälter fest. In der theologischen Fakultät betrug das höchste Gehalt 222 Thlr., in der juristischen und medizinischen 177 Thlr. 70 Gr. Dieses Gehalt erhielt auch zur Beschaffung der notwendigen Apparate der Professor der Mathematik, während die übrigen sieben Professoren der philosophischen Fakultät nur 166 Thlr. erhielten. In Halle betrug damals das höchste Gehalt 500 Thlr., das geringste 50 Thlr. Eine erhebliche Steigerung der Anforderungen an die Thätigkeit der Professoren, die in diesem Jahrhundert fast durchweg schon Privatvorlesungen ankündigten, fand besonders unter der Regierung Friedrich Wilhelms I. statt. Er rügte im Jahre 1717, dass einige Professoren unter dem unerheblichen Vorwande, dass nicht genug Zuhörer bei ihnen sich finden, ihre öffentlichen Vorlesungen „unfleissig traktieren", während die Extraordinarien ohne jedes Gehalt und Ersatz diese fleissig fortsetzen, wenn sich nur gleich ein einziger Hörer findet. Er verlangt, dass jeder Professor im Vorlesungsverzeichnis genau die Stunde angebe, in der er publice lesen werde, damit auch von andern acht gegeben werde könne, ob er dieselbe Zeit innehalte oder versäume. Später (1732) befahl der strenge Monarch, dass jeder Professor bei Verlust seines Gehaltes wenigstens vier Stunden publice lesen solle. Die Hundstagsferien schaffte er gänzlich ab, beschränkte die andern Ferien um Ostern und Weihnachten auf vierzehn, um Pfingsten auf acht Tage.

Mag auch Friedrich Wilhelm I. wenig Verständnis für die Aufgabe der Universitäten gehabt haben, so hatte er doch in dem geistigen Vater des preussischen Landrechts Samuel von Cocceji, den er 1730 zum Oberkurator aller Universitäten ernannt hatte, einen hervorragenden Ratgeber. So wurde im Jahre 1736 die Verfügung erlassen, dass nach dem Muster der in die hallischen Intelligenzzettel eingerückten gelehrten Anmerkungen sämtliche Professoren und Doktoren aller Fakultäten mit Ausnahme der theologischen gelehrte „Observationes und Anmerkungen den hier wöchentlich herauskommenden Intelligenzzetteln" inserieren sollten. Es waren die „Wöchentlichen Königsberger Frag- und Anzeigungsnachrichten", „worin man allerhand innerhalb und ausserhalb der Stadt zu kaufen und verkaufen, sodann Personen, welche Geld lehnen und ausleihen wollen, Bedienung oder Arbeit suchen oder zu vergeben haben, ingleichen die in Memel, Pillau und Königsberg angekommenen und ausgegangenen Schiffe, Wittinnen und Strusen, die ankommenden Fremden, wie auch Kopulierte nebst dem Preiscourant der Waren und des Wechselkurses angemerket." Seit Mai 1736 finden sich nunmehr neben diesem reichhaltigen statistischen Material und den Annoncen, die einen nicht unwichtigen Einblick in die Kulturgeschichte Königsbergs vor 150 Jahren gewähren, gelehrte Leitartikel der Professoren. Hier wurde auch das Verzeichnis der Vorlesungen in deutscher Sprache angezeigt. Sahme, durch den diese Abhandlungen an die Wochenschrift vermittelt wurden, eröffnete den Reigen mit der Abhandlung über die alte preussische Verordnung, dass „derjenige, der mit falschen Würfeln begriffen wird, versäufet werden soll." Es wurden Themata, die auch heute Tagesfragen sind, behandelt, ob ein Frauenzimmer das richterliche Amt führen könne, über den Nutzen einer Weltsprache. Sahme kommt in einem gelehrten Aufsatz mit Wolf zur Verneinung der Frage, ob ein Atheist ein guter und rechtschaffener Bürger in einer Republik oder bürgerlichen Gesellschaft sein könne. Ein wirklich volkstümlicher Ton — das Wort populär ist erst eine Erfindung des neunzehnten Jahrhunderts — ist diesen Aufsätzen fremd, die Themata aus allen Gebieten des Wissens umfassen, wie auch deren Form und Inhalt keine zart besaiteten oder prüden Leserinnen voraussetzen.

Einen grossen Platz im akademischen Leben behaupteten die Disputationen, die nicht selten zu Wortgefechten mit anzüglichen Wendungen gegenüber dem Gegner ausarteten. Friedrich I. verlangte, dass jeder ordentliche Professor mindestens zwölf Disputationen, jeder Extraordinarius sechs der gelehrten Welt vor Augen geführt habe. Friedrich Wilhelm I., der Schutzherr der Sparsamkeit, hielt diese und andere Proben der Weisheit und Gelehrsamkeit für einen ausserordentlichen Professor für wichtiger als den Doktorgrad, der schwere Kosten erfordere. Schon König Friedrich hatte den Medizinern ein Privilegium im Jahre 1701 verliehen, wonach sie bei den Promotionen von dem prunkvollen Aufwande Abstand nehmen konnten. Friedrich Wilhelm I. bewilligte zur feierlichen Promotion von zwei Professoren der Albertina zu Doktoren der Theologie aus Anlass des Jubiläums der Reformation im Jahre 1717 die Schlosskirche und zur Versammlung und Rückkehr eine bequeme Stube im Schloss. Er erklärte aber zugleich, dass er es für unnötig halte, „bei den Promotionen kostbare Gastmähler anzustellen und viele Unkosten aufzuwenden" . . ., er sei der Meinung, es werde „keinem um eine Mahlzeit Essen so viel zu thun" sein, dass er deswegen von der Promotion bleiben sollte. Die Bedeutung des Doktorgrades trat in diesem Jahrhundert der Albertina bereits gegenüber den Staatsexamina in den Hintergrund, die Juristen (seit 1693) und Mediziner abzulegen hatten. Es ist begreiflich, dass die medizinische Fakultät die Staatsprüfung, die im Jahre 1724 vorgeschrieben wurde und erst die venia practicandi verlieh, mit Missgunst betrachtete und gegen die Schmälerung der Vorrechte, die bisher der medizinische Doktorgrad oder eine Approbation durch die Fakultät verlieh, wiederholt Einsprache erhob.

Eine Hebung des Studiums wurde ferner durch **Erschwerung des Zutritts zu den Universitäten** versucht. Dazu trug wesentlich der Umstand bei, dass seit Mitte des siebzehnten Jahrhunderts ein merklicher Rückgang in den Leistungen der Schulen eingetreten war. Die Redeübungen mussten unterbleiben, weil die Studierenden nicht die genügende Fertigkeit in der lateinischen Sprache zeigten. Es war das um so bedenklicher, als durch diesen mangelhaften Zustand der höheren Schulen viele lutherische Eltern ihre Kinder in die von den **Jesuiten** hier begründete und vorzüglich eingerichtete Schule schickten, die man im Volksmunde eine kleine katholische Akademie nannte. In einem Berichte vom Jahre 1684 wies daher die Regierung auf die Notwendigkeit der Stiftung eines königlichen Gymnasiums nach Art des Joachimsthalschen hin. In der That wurde dieser Gedanke durch das 1698 begründete und 1701 vom Staate privilegierte Friedrichskollegium, sowie durch das königliche Waisenhaus (1701 gestiftet) teilweise verwirklicht. Schon 1708 beklagte König Friedrich I., dass jeder Handwerker und Bauer seinen Sohn ohne Rücksicht auf Gaben und Fähigkeit auf Universität und hohen Schulen unterhalten lassen will, während doch „dergleichen zu denen Studien unfähige Ingenia" besser im Gewerbe und Handel oder im Heere ihren Unterhalt verdienen könnten. Um die Zunahme eines geistigen Proletariats zu hindern, machte der König den Leitern und Aufsichtsbehörden der Schulen zur Pflicht, frühzeitig die Spreu vom Weizen zu sondern und diejenigen, welche entweder wegen Stupidität, Trägheit oder Mangel an Lust und Trieb zum Studium unfähig wären, nach Unterweisung im Lesen, Schreiben, Rechnen und Religion einer praktischen Thätigkeit zuzuführen. Nachdem die abgeschmackte Deposition im Jahre 1717 gänzlich beseitigt worden war, wurde im Jahre 1718 vor der Immatrikulation an ihrer Stelle selbst bei denen, die ein Zeugnis seitens der Schulen beibrachten, eine Prüfung durch den Dekan vorgenommen. Diese Prüfung, für die wie für alle lateinischen Schulen und Universitäten im Jahre 1735 ein ausführliches Reglement erschien, kann selbstverständlich bei der Fülle von Examinanden immer nur eine oberflächliche gewesen sein und war obligatorisch auch nur für solche, die Ansprüche auf Stipendien, Freitisch oder auf das Alumnat erhoben. Demnach dürften auch im zweiten Säkulum der Albertina die Studenten mit sehr verschiedener Vorbildung der alma mater zugeführt worden sein.

Das Alter, in dem die Studierenden die Akademie bezogen, war ebenfalls sehr verschieden. Gottsched und seine Brüder, wie eine Reihe seiner Lehrer haben bereits im Alter von vierzehn Jahren die Albertina aufgesucht, während andererseits darüber auch Klage geführt wird, dass einzelne erst in dem Alter von zwanzig bis dreissig Jahren ihre Studien anfangen. Die Stipendien wurden auf zwei, höchstens drei Jahre erteilt, indessen dehnten gerade gewissenhafte Studenten ihre Studien, die nur selten eine Fakultät umfassten, auf längere Zeit aus. Gottsched brauchte neun Jahre bis zur Erwerbung des Magistergrades und gehörte doch bei der ihm angeborenen Pedanterie zu den gewissenhaftesten Studenten. Eine förmliche Eintragung des Studienfaches, zu dem der einzelne sich bekannte, fand nicht statt. Im Reglement von 1735 wird mit Missfallen derer Erwähnung gethan, die auf die Universität kommen, ohne zu wissen, ob sie sich auf Theologica, Juridica oder Medica legen wollen, und vorgeschrieben, dass ein jeder sich zu einer der oberen Fakultäten bekennen soll.

Besonderen Vorzug genossen auch in dieser Epoche die Theologen — vor allem die, welche der litauischen und polnischen Sprache mächtig waren, — die den Löwenanteil von Freistellen im Konvikt und Alumnat erhielten und für die hier wie in Halle besondere Seminare eingerichtet wurden. Die Universität wurde von Studierenden der russischen Ostseeprovinzen bevorzugt. Die um das Jahr 1644 starke Frequenz sank im Laufe des 17. Jahrhunderts wegen der synkretischen Streitigkeiten und während der Zeit der Schweden- und Tartarengefahr (1656—1657), in der Königsberg eine Belagerung überstehen musste. Dagegen erreichte sie wieder einen hohen Bestand während des nordischen Krieges. Im Jahre 1704 studierten hier etwa 1000 Musensöhne, die Zahl sinkt nach den Pestjahren von 1709 und 1710. Nach offizieller Statistik zählte im Jahre 1717 Halle 1202, im Jahre 1716 Königsberg 400, Frankfurt a. d. O. 190, Duisburg 163 Studenten. Es behauptete also nach Halle den zweiten Rang unter den Landesuniversitäten. Im Jahre 1728 sank die Zahl der Studierenden sogar auf 300 herunter. Es findet diese Abnahme teilweise ihre Erklärung in der Furcht vieler, preussischen Werbern in die Hände zu fallen. Gottsched war keineswegs der einzige, dem im Jahre 1724 von einem hohen Offizier „seiner Länge halber" nachgestellt wurde. Ostpreussen verlor dadurch einen Sohn, dessen Herz warm für seine Heimat bis zum letzten Schlage erglühte. In der richtigen Einsicht, dass die Universität durch die gewaltsame Werbung zum Kriegsdienste geschädigt werde, verbot der König im Jahre 1731, die Studiosi, besonders die Theologen, wider Willen in die Uniform zu stecken. Seine Liebe zur Wissenschaft fand aber ihre Grenzen bei gewisser Länge. Denn 1737 erliess er eine Kabinetsordre an die Regimenter, dass die Studenten, welche 5 Fuss 9 Zoll messen, von der Werbung nicht frei sein können. Im Jahre 1738 stieg die Zahl der Studierenden wieder auf 600 und wuchs vermutlich infolge des schlesischen Krieges bis auf 1000 (1744).

Der Pennalismus wucherte auch in der zweiten Hälfte des 17. Jahrhunderts üppig fort. Das wilde Treiben der Landsmannschaften, die sich durch Tracht und Abzeichen unter einander unterschieden und sich gegenseitig befehdeten, konnte trotz wiederholter Verbote im Jahre 1664 und 1668 nicht beseitigt werden. Nahm man der einen Kasse, Schlüssel, ihre Gesetze und Pfänder nebst dem Vorrat baren Geldes, die silbernen und goldenen Trinkgefässe ab, so that sich unter anderm Namen eine ähnliche Vereinigung wieder auf. Daher beschloss man denn um das Jahr 1670, durch amtliche Sanktionierung dem Unwesen den Reiz des Verbotenen zu nehmen. Die Studenten wurden verpflichtet, sich einer der vier Nationen, in die die Universitätsangehörigen geteilt wurden (Preussen, Pommern, Westfalen und Schlesier) anzuschliessen. Im Jahre 1744 hatten diese Nationen bereits ihr Ende gefunden. Von anderen Vereinigungen der Studierenden werden zu dieser Zeit nur gewisse Zech- und Tabakcompagnieen erwähnt, vor denen namentlich die Theologen gewarnt werden. An Gesetzen, in denen die Studenten vor allen möglichen und unmöglichen Vergehen gewarnt werden, war kein Mangel. Die Studierenden blieben trotz aller akademischen Gebote und Strafen auch hier die Herren, die „vom breiten Stein nicht wankten und nicht wichen", die mit ihren grossen Degen ein Schrecken der ruhigen Bürger waren. Laternen einschlagen und Fenster einwerfen, die Wachen anfallen, die Leute in den Kirchen beunruhigen, Nachtmusiken blieben auch fürder trotz angekündigter Relegation beliebte Studentenstreiche. „Hie fröhlich, dort selig" war gewiss nicht bloss der Wahlspruch des einen Studenten, der ihn seinem Freunde ins Stammbuch im Jahre 1656 schrieb. In einem Hochzeitsgedicht von 1726 wird das schöne Studentenleben jener Tage anschaulich geschildert:

> Taback und Pfeifen her, Carthus und auch Kanaster,
> Komm', edles Tabackskraut, du rechtes Lebenspflaster,
> Komm', fülle Pfeif und Kopff mit deinem sanften Rauch.
> Kommt, Brüder, heute geht's nach unserem Gebrauch.
> Auf, lasst uns lustig sein, die vollen Gläser leeren,
> Die leeren eingeschenkt, ein jeder trink es aus!
> Wer will uns diese Lust und stille Freude wehren —
> Ein — — gehet eh'r, versteht's, als ich nach Haus.

Als „beste Leute" werden in einem andern Liede die Burschen gefeiert, die mit Gläsern über Tisch und Bänke frisch springen und bei dem „Stiefelsaufen" die Bauernronda abschreien.

Bei so flottem Leben konnten dann Relegationen wegen Schulden nicht ausbleiben. Friedrich Wilhelm verbot daher besonders den Wein-, Bier-, Branntwein-, Thee- und Kaffeeschenkern und andern Krämern, den Studenten ausser der gewöhnlichen Tischkost und anderer unentbehrlichen Notdurft Kredit zu geben. In dem Konvikt oder Alumnat fanden nur solche Studenten Aufnahme oder Freitisch, die weniger als vierzig Thaler Einkommen hatten. Bei einem Wechsel von vierzig Thalern konnte der Student nach den Anschauungen der akademischen Behörden sein Leben fristen. Natürlich nahmen die Studenten jede ihnen gebotene Gelegenheit, um Geld zu verdienen, eifrigst wahr. Hundert Studenten unterrichteten in den Armenschulen, die zum Teil dem Friedrichskollegium unterstellt waren. Eine für einen Musensohn nicht sehr edle Beschäftigung, die bis an das Ende des 18. Jahrhunderts hier üblich war, bildete das Tragen der Leichen, zu dem sich die Studenten „für einen Dukaten, einen goldenen Ring und weniger" bereit fanden. Im Pestjahre 1710 mussten mehrere Studenten ins Karzer wandern, weil sie trotz des

Gebotes, sich bei diesen Sterbensläuften des Leichentragens zu enthalten, die Leiche der von Harlem zu Grabe getragen hatten. Ernster ging es im Kollegium zu, in dem die Alumnen wohnten, dessen Pforten im Sommer um 9, im Winter um 10 Uhr sich schlossen. Hier war jedes Gelage streng untersagt; auf weit schallenden Instrumenten durfte nur mittags zwischen 12 und 1 Uhr gespielt werden. Um jede Verführung zu meiden, wurde in den Statuten vom Jahre 1735 bestimmt, dass die Näherinnen oder Wäscherinnen nur durch Jungen ihr Zeug ins Haus senden sollten. Die Ober- und Unterinspektoren beaufsichtigten und prüften den Fleiss der einzelnen Schüler.

Die grossen Jubiläen der Reformation, 1717 und 1730, das dreihundertjährige Jubiläum der Buchdruckerkunst beging die Akademie durch Redeakte und andere Festlichkeiten. Ebenso nahmen Studenten und Professoren an der Huldigungsfeier für die preussischen Könige teil. Besonders festlich gestaltete die Universität auch die Krönungsfeier im Jahre 1701. Am 24. Januar hielt der Professor der Eloquenz einen Panegyrikus; wenige Tage vorher hatten die Studenten dem Könige einen Glückwunsch überreicht. Der Sprecher von Versen wurde dabei durch einen Zufall über den Haufen geworfen, kam aber nicht aus dem Konzept, sondern sagte voll Geistesgegenwart, man könne vor einem so grossen Monarchen keine tiefere Reverenz machen, als sich zu Boden werfen. Von 1701 bis 1713 war der Kronprinz Friedrich Wilhelm Rektor der Universität.

Im August 1743 schrieb Gottsched nach Königsberg: „Denken die patres conscripti (Senatoren der Universität) noch nicht ans Jubiläum? Nun ist kein volles Jahr mehr hin, und man muss zu solchen Sachen bei Zeiten Anstalt machen." Die Vorbereitungen zur Jubelfeier verzögerten sich um so mehr, da der grosse König Geldmittel verweigerte. „Jubiläen könnten am besten durch den Fleiss der Lehrenden und Lernenden gefeiert werden." Auf den Vorschlag des Kanzlers Sahme, dass jede Hube zur Feier sechs Groschen beisteuere, wies Friedrich II. ihn an, mehr auf die studierende Jugend als auf Ceremonieen zu achten. Er werde nichts für derartige „pompeuse Vanitäten" bewilligen. Indessen that zunächst die fehlende Gönnerschaft des Königs den Vorbereitungen weniger Abbruch als „die Uneinigkeit der kleinen Götter" unter sich. Man vermerkte es übel, dass im Namen der Universität, nicht wie vor hundert Jahren, der Professor primarius der Theologie Quandt, sondern der Kanzler die Rede halten sollte. Erst im Juni erfolgten die Einladungen zur Jubelfeier, die am 27. August beginnen sollte. Es wurde zur Meldung zu Promotionen aufgefordert; ausserdem wurden alle übrigen, die mit der Universität in Verbindung gestanden hatten, zur Teilnahme an dem Feste eingeladen. Am 27. August morgens wurde von den Türmen der Stadt aus ein Lied unter Trompeten- und Paukenschall gespielt. Um 7 Uhr läuteten alle Glocken, um 9 Uhr begaben sich die Professoren nach der Domkirche. Hier wurde vor- und nachmittags Festgottesdienst gehalten. Die Predigt hielt vormittags der Rektor (Behm), nachmittags der Hofprediger Langhausen, der zugleich Doktor der heiligen Schrift, Professor der Mathematik und Oberinspektor des Alumnats war. Am 28. August hielt im grossen Auditorium der Kanzler vor „volkreicher Versammlung" eine lateinische Rede über die Verdienste der Hohenzollern um die Universität. Es hat wohl seinen bestimmten Grund, dass er die Freigebigkeit des grossen Kurfürsten für die Jubelfeier im Jahre 1644 besonders preist. Selbstverständlich rühmt er auch Friedrich als Helden und Friedensstifter und schliesst mit dem Wunsche, dass die hohe Schule grüne und blühe, bis alle Jubeljahre mit dem Ende der Welt ihr Ende finden werden. An die Anwesenden wurde ein Jubelgedicht des Professors der Poesie Bock verteilt, in dem er einige Bosheiten gegen seinen Leipziger Kollegen Gottsched hatte einfliessen lassen. Überhaupt sangen sämtliche berufene und unberufene Nachtigallen zu Ehren des „Pregel-Helikon, -Pindus, -Parnass". Auch Gottsched sandte ein langes Poem, in dem er namentlich seine Freunde verherrlicht. Die Gründung der Universität feiert er mit den Versen:

> Der breite Pregelstrom, der sonst am fetten Strande
> Nur fremder Schiffe Last und bunte Flaggen sah,
> Vernimmt nunmehr erstaunt an seinem feuchten Rande
> Aus weiser Lieder Schall: Apollo wohne da.

Mittags gab der Kanzler ein Festessen, und die Studenten feierten bis zum späten Abend durch Illumination den Ehrentag. Bis zum 14. September währten die Redeakte, Ehrenpromotionen und Gastmähler und die sich daran anschliessenden Umfahrten. Auch eine Pregelfahrt wurde am 2. Oktober von den Studenten auf illuminierten Böten unternommen und dem Rektor dabei eine Huldigung gebracht. Am 15. Oktober veranstaltete Schönemann der Jubelfeier der Universität zu Ehren mit seiner Truppe eine Vorstellung des „Polyeuktes" von Corneille. „Der Schauplatz ist der Altstädtische Gemeingarten," heisst es im Theaterzettel. „Auf dem ersten Platz giebt die Person einen Gulden, auf dem zweiten Platz einen halben, auf dem letzten einen Achtehalber." Man konnte auch zuvor in einer Behausung auf der Laak Billette holen lassen. Der Vorstellung voraus ging ein Festspiel: „Die mit den Wissenschaften verschwisterte Schauspielkunst." Eigensinn und Vorurteil greifen Schauspielkunst und Possenspiel an, die von Apollo, der Weltweisheit, Dichtkunst und den anderen freien Künsten verteidigt werden. So schloss das zweite Säkulum der Albertina.

V.

Der 12. Februar 1804, der Todestag Kants, war sonnig und klar. Nur oben am azurblauen Himmel schwebte ein kleines, leichtes Wölkchen. Ein Soldat, der auf der Schmiedebrücke am Pregel stand und es bemerkte, rief den Umstehenden zu: Das ist Kants Seele! So volkstümlich war der Philosoph, der die Aufklärung zugleich „vollendete und überwand". Immanuel Kant war Sohn eines Sattlermeisters, am 22. April 1724 geboren, besuchte von seinem neunten Jahre das Kollegium Fridericianum, die „Pietistenherberge", war im Alter von $16^1/_2$ Jahren Studiosus der Albertina, ohne sich zu einer bestimmten Fakultät zu bekennen. Er fristete sein Leben in den Universitätsjahren hauptsächlich durch Unterricht und war dann einige Jahre Hauslehrer ausserhalb Königsbergs. 1755 ward er Doktor der Philosophie und erhielt bald darauf die Erlaubnis zu Vorlesungen. Erst im Alter von 46 Jahren wurde er Professor an der Universität, nachdem kurz zuvor ein Ruf aus Erlangen an ihn ergangen war. Er blieb der Heimat treu, wie er auch den Wunsch des Ministers von Zedlitz, nach der von 1200 Studenten besuchten Universität Halle zu gehen, zurückwies. Kant war zweimal Rektor und wiederholt Dekan. Der hiesigen deutschen Gesellschaft gehörte er nicht an, aber die Akademie der Wissenschaften in Berlin ernannte ihn zu ihrem Mitglied. Seine Vorlesungen wie seine Werke umfassten wie die von Aristoteles den ganzen Kreis menschlichen Wissens. Obwohl er kaum über die Grenzen der Provinz Preussen herausgekommen war, wusste er doch seine Hörer in seinem Auditorium und in geselligen Zusammenkünften über alle Länder und Völker der Welt zu unterhalten. Er ist kein Licht der Welt, sagt Jean Paul Richter, sondern ein ganzes Sonnensystem auf einmal. In der Kritik der reinen Vernunft, die 1781 nach vieljährigen Studien erschienen ist, vergleicht er seine kritische Auffassung gegenüber der geltenden dogmatischen oder skeptischen mit dem

Ansinnen, das Kopernicus durch Aufstellung seines Systems an die Fassungskraft der Menschen stellte, aber die Aufschrift „Dem Philosophen", mit der ihm Fichte ein Werk im Manuskript übersandte, strich er aus. Der Verleger Hartung, dem Kant die Kritik der reinen Vernunft anbot, lehnte den Verlag ab, weil Kant selbst die Befürchtung ausgesprochen hatte, dass Hartung nicht zu seinen Kosten kommen würde. Wie Fichte, so eilte aus Mitteleuropa ein grosser Kreis weltlicher und geistlicher Lehrer und Jünger nach Königsberg, das kurz zuvor als ultima Thule mit Abo oder Dorpat in eine Linie gestellt war. Selbst katholische Universitäten sandten ihre Schüler zu ihm, und Professoren verschmähten nicht weite Reisen, um Kant kennen zu lernen. Im siebenjährigen Kriege hörten ihn russische, später preussische Offiziere. Der Minister von Zedlitz benutzte seine Mussestunden, um ein nachgeschriebenes Kolleg Kants über physische Geographie, das ihm gegeben war, zu studieren. „Der Zauberkahn voll Fasanen, aus welchem Goethe im Traume an seine Freunde statt der Fasanen Paradiesvögel verschenken konnte, hat auch Kant über das Meer des Lebens geführt, aber die Paradiesvögel des alten Meisters gewinnt man schwerlich ohne eigenen Zauberkahn." Es wäre ein titanenhaftes und zugleich schamloses Unternehmen, den Inhalt seiner Lehren geben zu wollen, ohne sich in sie vertieft zu haben, wozu nach dem Ausspruch eines Kenners mehr als ein Menschenleben nötig wäre. Indessen seine Lehre über das Pflichtgefühl, das Sittengesetz, von dem Unterschied zwischen den Erscheinungen und dem Dinge an sich, von den Postulaten der praktischen Vernunft, dem Glauben an Gott, der Unsterblichkeit und dem freien Willen, von der Kosmogonie, haben sich in weite Scharen des Volkes verbreitet und sind Gemeingut geworden wie die Entdeckungen von Galilei und Newton.

An Kants Tafelrunde verkehrten Männer der Wissenschaft und des praktischen Lebens. Er liebte den Umgang mit Mitgliedern der Königsberger Kaufmannschaft. Er, der König unter den Philosophen, ist zugleich der volkstümlichste gewesen und geblieben. Strassen sind nach ihm benannt. Die Stelle, wo sein Haus stand, ist durch eine Marmortafel geziert, Lokomotiven und Dampfschiffe führen seinen Namen. Seit 1864 ziert sein Denkmal von Rauchs Meisterhand unsere Stadt, seine Gebeine ruhen an geweihter Stätte in eigener Kapelle, die eine Kopie von Rafaels Schule von Athen schmückt. An seinem Todestage findet ein besonderer Redeakt in der Universität statt; an seinem Geburtstage vereinigt sich ein Kreis seiner Verehrer, die inmitten der Tafelfreuden einen ernsten Vortrag über einen Gedanken Kants anhören. Die altpreussische Monatsschrift, die einzige grössere wissenschaftliche Zeitschrift am hiesigen Orte, ist zugleich ein Kantjahrbuch. So ist Kant, der schon vor 90 Jahren „von uns sich weggekehrt", „unser" geblieben.

Im Jahre 1780 erteilte Minister von Zedlitz Christian Jakob Kraus eine Professur in Königsberg. Der Minister hatte ihn als jungen Mann kennen gelernt, als dieser ihm ein erbetenes Kollegienheft Kants überbrachte. Damals (1778) war Kraus, der bereits mehrere Jahre Schüler und Freund Kants gewesen, auf einer Wanderung, um „die Welt besser als von den Wällen Königsbergs kennen zu lernen". Er wollte sich den Augen seiner Mitbürger für eine Spanne Zeit entziehen und hoffte dadurch an Ansehen zu gewinnen. Kant selbst nannte ihn einen zweiten Keppler, und eine unaufgeklärte Entfremdung, die später zwischen beiden eintrat, hat dieses Urteil nicht erschüttert. Kraus entfaltete seine wirksamste Thätigkeit nicht als Schriftsteller, sondern als Lehrer. Uneigennützig las oder vielmehr trug er Stunden lang mathematische und später staatswissenschaftliche Probleme seinen Schülern vor, die aus allen Ständen ihm zuströmten. Eigentlich spekulative Philosophie lag ihm fern. Er hat die Lehren von Smith hier eingeführt und dadurch eine hohe Schule für Volkswirte und Staatsmänner begründet. Erbunterthänigkeit, Leibeigenschaft, Zunftzwang, Sperrgesetze und Ausfuhrverbote hielt er für schädliche Einrichtungen. Obwohl das Organ für Freundschaft in ihm hoch entwickelt war, lebte er doch oft Wochen lang als Einsiedler nur seinen Forschungen, die nur ein täglicher Spaziergang oder die Lehrthätigkeit unterbrachen. Die unermüdlichen Bitten seines Freundes des Kriegsrats Scheffner, konnten ihn erst dazu bewegen, seine Vorlesungen, die er im Anschluss an Smith hielt, zu einem Buche zu ordnen. Nur auf die dringenden Vorstellungen seines Freundes von Auerswald, des späteren Oberpräsidenten, sammelte er seine kleinen Schriften, die noch heute den Nationalökonomen eine Quelle feiner Beobachtungen sind. Dabei verbrachte er arbeitsame Wochen, um Gutachten über handelsrechtliche und wirtschaftliche Fragen ohne Entgelt für Behörden und Freunde auszuarbeiten. Wie Kant war er unverheiratet. Er lebte dürftig und, obwohl ihn nicht selten Nahrungssorgen quälten, mahnte er nie einen Hörer an rückständige Kollegiengelder. Er kargte für sich und war freigebig, wo er Bedürftigen aus der Not helfen konnte. Die Geschäfte im Senate und das Amt des Prorektors verleidete ihm die Kleinigkeitskrämerei, der Hass und Wahn von Kollegen, die auch solchen Charakter zu verdächtigen nicht unterliessen. Er starb im Alter von 54 Jahren im August 1807 nach dem demütigenden Frieden von Tilsit.

Die Stein-Hardenbergsche Gesetzgebung führt ihren Namen nach denen, die sie durch ihren Einfluss beim Könige durchsetzten. Stein und Hardenberg sind aber nur die Feldherren, die Generalstabschefs, die die Städteordnung, die Aufhebung des feudalen Zwanges im Lande erdachten und ausführten, die Männer, welche die Reorganisation des Staates herbeiführten, waren Freunde oder Schüler der beiden grossen Dioskuren. Damals (1807) wirkte als Professor der Geschichte hier Johann Wilhelm Süvern (bis 1809), dessen kraftvoller Patriotismus die zahlreichen Hörer seiner geschichtlichen Vorträge, wie Fichtes Reden zur Begeisterung entflammten, neben ihm verdient sowie Fechtes kurze Thätigkeit Delbrück (1809—1816), der zugleich Regierungsrat und zeitweise der Erzieher des Kronprinzen war, eine Erwähnung, da auch er die Jugend durch Vergleich darauf hinwies, was not that.

Den Lehrstuhl Kants haben Herbart (1809—1833) und Rosenkranz (1833—1879) geziert. Herbart sei hier nur als Begründer des pädagogischen Seminars (1810) genannt, das noch heute in seinem Sinne geleitet wird. In seinem Hause in der Königstrasse vereinigten sich Hunderte von Hörern und gaben sich dem Eindruck, den seine bezaubernde Kunst des Vortrages und die Macht seiner Persönlichkeit bewirkte, begeistert hin. Den scheidenden Lehrer begleiteten die Musensöhne hoch zu Ross in Schnürröcken und Uniformen. Sein Nachfolger Rosenkranz vertrat hier den Standpunkt der Hegelschen Schule. Neben der Philosophie trug er aus dem Gebiete der Ästhetik, über Goethe, über die französischen Encyklopädisten vor. Den Eindruck seiner Vorträge schildert er selbst. „Wir wurden immer wärmer mit einander und vergassen die Stalllaternen, mit denen wir zuerst die düstern Räume eines grossen niedrigen, nichts weniger als ästhetischen Auditoriums spärlich erhellten, vergassen den Modergeruch der von Nässe triefenden Wände; vergassen die Kälte, die uns zwang, uns in unsere Mäntel einzuhüllen, und die mir zuweilen die Wangen und Lippen erstarren machte. Mitunter, wenn ein Orkan raste oder das Schneegestöber kaum einige Schritte weit sehen liess, zweifelte ich, nach dem Albertinum gehend, ob ich jemand finden würde. Aber siehe da, sie waren da, die Getreuen, und über Goethe vergassen wir die Barbarei des Wetters."

Süvern, der seit 1809 mit Nikolovius der Unterrichtsverwaltung vorstand, verdankt Königsberg die Berufung von Lobeck, der den Aufschwung der klassischen Philologie in Königsberg durch seine Schule herbeigeführt hat. Seine Werke und Worte zeigen holländischen Fleiss und das feine Sprachgefühl von Bentley und Skaliger, dabei attischen Witz. Im Aglaophamus vernichtete er die von Voss schon heftig befehdete mystisch-romantische Richtung in der Erklärung griechischer Mythologie. Aus einem „Kloster auf dem Tragheim" teilte er darin ein unediertes Fragment eines Holländers des sechzehnten Jahrhunderts mit, der den Beweis geliefert, dass die griechischen Götternamen holländisch seien und dass die griechische Religion eine Allegorie eines Systems der Kochkunst wäre. Wer über das Vorkommen eines Wortes bei den byzantinischen Grammatikern oder bei den alten Epikern nachforschen will, wird selten Lobecks Forschungen vergeblich aufsuchen. In seiner ersten Epoche, als der Sinn für das Altertum noch nicht durch den Glanz der naturwissenschaftlichen Entdeckungen den Gebildeten entschwunden war, vereinigte er in seinen Vorlesungen über Terenz, Aristophanes Zuhörer aller Stände und Altersklassen zu einer andächtig lauschenden Gemeinde. In seinen Reden, die er als Professor der Eloquenz hielt, entfaltete er, mochten sie lateinisch oder deutsch sein, eine Fülle von scharfem Witz gegen Dunkelmänner und einen Gedankenreichtum in unwiderstehlicher Anmut, aber er selbst erkannte ihnen nur den Vorzug zu, dass er nie viel über eine Viertelstunde gesprochen habe. Zeitweise konnten dann dieselben Hörer Lachmann (1818—25) und später Karl Lehrs hören. Diesen Rufern im Streit standen in der Geschichte Voigt und Drumann seit 1817, in der Kunstgeschichte August Hagen, in den Staatswissenschaften Schubert zur Seite, von denen besonders die beiden erstgenannten noch heute in ihren Forschungen über preussische und römische Geschichte leben.

Dasselbe Wachstum an Lehrkräften zeigte die Albertina auf dem Gebiete der exakten Wissenschaften. Im Jahre 1701 wurden die Naturwissenschaften erst als selbständige Disciplinen einem Professor allein anvertraut. Am Ende des vorigen Jahrhunderts lehrte Hagen, der auch als Schöpfer einer mineralogischen Sammlung eine Erwähnung verdient, hier Zoologie, Mineralogie, Paläontologie, landwirtschaftliche wie technische Chemie, zeitweise sogar Botanik, Physik und Arzneimittellehre. Um 1820 hatten diese Wissenschaften in dem Zoologen und Anatomen K. E. v. Baer, in dem noch jetzt lebenden Physiker Franz Neumann, der seit 1828 hier wirkte, in dem Meteorologen Dove, in dem Botaniker Schweigger besondere Vertreter. Es sind nur Namen, die ich aufgezählt, aber in der Geschichte dieser Wissenschaften bedeuten sie, was die glänzenden Siege in der Tabelle der Kriegsgeschichte sagen. Zu ihnen gesellte sich seit 1810 Bessel, der als Lehrling im Kaufladen Zeit fand, die Bahnen der Kometen zu berechnen und als Professor „eine solche Fülle von Arbeitsenergie, Ausdauer und Umsicht entfaltete, wie sie ein zweitesmal schwerlich, in der Astronomie gewiss noch nie da gewesen ist." Wie Lobeck in der Philologie, so schuf Jacobi (von 1817—42), dem sich später Richelot würdig zugesellte, eine Königsberger Schule von Mathematikern.

Eng verbunden mit diesen Wissenschaften zeigt sich die Medizin. Baer, der Vater der Entwicklungslehre, war zugleich Professor der Anatomie und Zoologie. Er war zunächst als Prosektor hier durch Burdach, der seit 1814 Professor der Anatomie war, herberufen, und seinen Bemühungen verdankt Königsberg die Schöpfung eines zoologischen Museums. Die zoologischen Sammlungen der Universität beschränkten sich bis zu dieser Zeit auf ein Kasuarei, das Nest einer Beutelmeise und einen ausgestopften Vogel. Nachdem Baer im Jahre 1835 einem Rufe nach Petersburg gefolgt war, wurde sein Nachfolger Radtke, dessen wissenschaftliche Thätigkeit auch Anatomie und Zoologie umfasste. Besonderen Rufes als Physiologe erfreute sich Burdach, der ebenfalls von der Anatomie ausgegangen und den Bau einer neuen Anatomie (1816) an Stelle der baufälligen, die Buettner einst errichtet, erwirkte. Von Männern der Praxis, denen Klinik und Poliklinik bereits zur Verfügung stand, erfreuten sich Hirsch und Sachs eines grossen Rufes, denen sich im Jahre 1842 der später so volkstümliche Burow zugesellte.

Die Rechtswissenschaft scheint am Ende des vorigen Jahrhunderts nicht besonders anregende Vertreter gehabt zu haben. Denn Kraus fühlte sich durch die Art, wie sie die Professoren behandelten, abgestossen. Während seit Mitte des 18. Jahrhunderts die deutsche Sprache in den Vorlesungen die Regel bildete, macht das Ministerium Altenstein 1822 darauf aufmerksam, dass unter den Vorlesungen der juristischen Fakultät weder ein Examinatorium, noch ein Disputatorium, noch ein in lateinischer Sprache zu haltendes Kollegium über einen wissenschaftlichen Gegenstand sich finde. In der That zeigte der Kriminalist Schweikard im nächsten Jahre ein Disputatorium in lateinischer Sprache an, scheint damit aber bei den Hörern keinen Erfolg gehabt zu haben. Denn später fehlt eine solche Anzeige in den Vorlesungsverzeichnissen. Durch Dirksen (1817—29) fand hier früh Savignys historische Auffassung von der Rechtsentwicklung Eingang. Von Germanisten wirkte hier vorübergehend Albrecht, der sich im Jahre 1837 unter den berühmten Göttinger Sieben befand. Auch das Kirchenrecht hatte namentlich in Jacobson, der dauernd der Universität angehörte an, einen Lehrer, dessen Werke und Sammlungen über die Beziehungen des Staates zur evangelischen und katholischen Kirche noch heute den Ausgangspunkt von Forschungen bilden. Seit 1831 gehörte auch als Privatdozent, später als Professor des römischen Rechts Simson (bis 1860) der Albertina an, der später in der politischen Geschichte eine so grosse Rolle spielte.

In der Theologie, die nur noch im Verzeichnis der Vorlesungen die erste und leitende Stelle behauptete, waren bereits im 18. Jahrhundert versöhnlichere Stimmungen eingetreten. Der scharfe Kampf der Pietisten und Orthodoxen lenkte in ruhige Bahnen. Es sei hier nur an Pisanski († 1790) gedacht, der Rektor der Domschule und ausserordentlicher Professor der Theologie war. Sein Entwurf einer preussischen Litterärgeschichte ist erst im Jahre 1886 vollständig herausgegeben, ein dauerndes Denkmal seines bewundernswerten Sammelfleisses und seiner encyklopädistischen Bildung. Neben ihm sei noch Arnoldt genannt, der Gottscheds Sehnsucht nach einer Historie der Königsbergischen Universität erfüllte, ohne der Aufgabe völlig gewachsen zu sein. Der Rationalismus hat auch in der ersten Hälfte dieses Jahrhunderts hier noch Boden gefunden, während ausserhalb der Universität manche Schwarmgeister mit pietistisch-mystischen Gedanken in geheimen Konventikeln das kirchliche Leben Königsbergs durchsetzten. Noch nach den Freiheitskriegen fanden heftige Disputationen in lateinischer Sprache statt. Die Theologen der Universität wie Olshausen (1821—34) mussten sich besonders gegen die Mystiker wehren. Neben seiner Thätigkeit als Schulrat, die ihm dauerndes Andenken sichert, wirkte Dinter († 1831) als ausserordentlicher Professor der Theologie. Ward er auch oft wegen seines Rationalismus befehdet, so fand er doch selbst bei orthodoxen Theologen Anerkennung. Gewiss wäre ein Theologe gar bald im vorigen Jahrhundert verketzert worden, der in einer Gedenkrede so gesprochen hätte, wie der Konsistorialrat Professor Kähler: „So bleibe es unentschieden, nach welchem der tausendfachen Begriffe, welche dem christlichen Namen gegeben werden können und gegeben worden sind, Dinter ein Christ war oder nicht.

Das aber glaube ich fest, dass vor jenem hohen Tribunal, wo der Erlöser selbst in Gnade und Wahrheit einst rechtes und ewiges Urteil zu sprechen verheissen hat, mein alter, treuer, edler Dinter nicht verworfen sein wird." Eine eigentümliche Rolle in der politisch-religiösen Bewegung spielte Cäsar von Lengerke, der von 1829 als Dozent hier thätig war. Er selbst war den freisinnigen Ideen der Theologie zugeneigt, obschon das in seinen Vorlesungen, die, wie seine Werke, das alte Testament zum Gegenstand hatten, weniger hervortrat. Mit seiner Gattin, die dem Pietismus ergeben war, konnte er nicht in Frieden leben, und seine äussere Lebensführung, seine Vorliebe für gute Weine, hatten seine Vermögensverhältnisse ein wenig zerrüttet. Dennoch gehörte er, der auch als Dichter sich die Gunst des Publikums zu erwerben gewusst hatte, zu den beliebtesten Lehrern. Als er aber dem Verfasser der vier Fragen Johann Jacoby (1841) einen poetischen Glückwunsch zugesandt hatte, da schickte das Ministerium Eichhorn, durch Denunzianten angeregt, einen Theologen der orthodoxen Richtung, Hävernick, aus Rostock hierher. Wie einst Myslenta und Behm, Quandt und Schütz standen sich jetzt wieder zwei Theologen gegenüber. Die Studenten aber entschieden sich für Lengerke. Hävernick blieb ohne Zuhörer. Lengerke fühlte sich aber in der theologischen Fakultät nicht mehr am Platze und sah nicht ungern die vom Ministerium in Anregung gebrachte Versetzung in die philosophische Fakultät. Auch hätte man in einer früheren Epoche kaum einen so freidenkenden Mann wie Julius Rupp, der später die deutsch-katholische Gemeinde begründete, zum magister legens oder vielmehr zum Privatdozenten an der theologischen Fakultät zugelassen.

VI.

Den evangelischen Charakter bewahrte die Akademie auch während des dritten Säkulums. Die Anfrage der Regierung, ob ein jüdischer Gelehrter bis zur neuen Besetzung der erledigten Professur für orientalische Sprachen als magister legens zugelassen werden könne, wurde unter dem Dekanate von Kant verneinend beantwortet. Die Bemühungen Ludwig von Baczkos (gest. 1823), des blinden Gelehrten, der an umfassender Kenntnis der politischen Geschichte Preussens von der ältesten Periode bis zu seinem Zeitalter kaum heute einen ebenbürtigen Nebenbuhler finden dürfte und der in der Zeit des Niederganges in Versen und Prosa den Gedanken an die Erhebung und Befreiung aufrechtzuerhalten und zu beleben verstand, scheiterten trotz mehrfacher Anläufe an seiner katholischen Religion, so dass er sich mit Vorlesungen an der hiesigen Kriegsschule oder in engeren Kreisen begnügen musste. Auch gegenüber dem 1800 aufgestellten Plan, in Königsberg eine katholisch-theologische Fakultät zu begründen machte die Universität, ohne sonst Gegnerin des Planes zu sein, darauf aufmerksam, dass ein Professor der katholischen Theologie nie Mitglied des Senats oder einer andern Fakultät werden könne. Als Baer im Jahre 1834 Dr. v. Siebold zum Nachfolger vorschlug, ward ihm in der Stille der Bescheid, das ginge nicht, denn Siebold sei Katholik.

Auch die Geschichte des dritten Säkulums der Albertina ist reich an verhängnisvollen Ereignissen. Es sei nur kurz an die russische Occupation (1758—1762) erinnert. Die russische Kaiserin Elisabeth bestätigte der Akademie den uneingeschränkten Genuss ihrer Vorrechte und beehrte sogar Professoren, die ihren Geburtstag mit Reden und Gedichten zu feiern sich genötigt sahen, mit Geldgeschenken. Was würde aber wohl das Schicksal der Universität geworden sein, wenn Königsberg dauernd in den Händen der Russen geblieben wäre? Ein Hinweis auf Dorpat ist lehrreich.

Die Universität, die sich unter Friedrich dem Grossen vollständiger Gedankenfreiheit zu erfreuen hatte, wurde unter Wöllners Regiment (1788—97) von Verfolgungen heimgesucht. Kant, der selbst beim Rektoratswechsel bisweilen die Kirche gemieden hatte, war längst ein Dorn in den Augen der Dunkelmänner. Seine Schrift über die Religion innerhalb der Grenzen der Vernunft gab Wöllner Veranlassung, Kant wegen „Herabwürdigung der Hauptlehren der heiligen Schrift" zur Verantwortung zu ziehen. Sämtlichen theologischen und philosophischen Dozenten der Universität wurde verboten, über Kantische Religionsphilosophie zu lesen. Kant selbst musste sich verpflichten, sich aller Vorlesungen und Schriften über Religion zu enthalten. Die Heimsuchung, die Preussen 1806 und 1807 und in dem entscheidungsvollen Jahre 1812 erfuhr, traf auch die Universität, deren Professoren mit Einquartierung und Kontributionen belastet wurden; ja sogar die geheiligten Räume des Albertinums, die Ruhestätte Kants, dienten vorübergehend den Franzosen zu militärischen Diensträumen. Der 19. Juli 1812 ist kein ehrenvoller Tag in der Geschichte der Albertina, an dem die juristische Fakultät den Grafen Daru, der Preussen 1807 wie eine Citrone ausgepresst und ausgesogen hatte, zum Ehrendoktor promovierte und dabei aus kriechender Scheu vor dem französischen Usurpator im Diplome sogar

Friedrich Wilhelm und seinem Sohne die zukommenden Titel entzog. So gross der Einfluss der Schüler von Kant und Kraus auf die Befreiung vom Joch des „Höllensohnes" war, hier in diesen akademischen Kreisen scheint man die Triebe des Völkerfrühlings, den Hauch der Freiheit nicht empfunden zu haben.

Grösser, würdiger und ruhmvoller ist die Haltung der Staatsverwaltung der Albertina gegenüber. Friedrich Wilhelm begnügte sich nicht mit dem wohlwollenden Ausspruch; „der Staat muss durch geistige Kräfte ersetzen, was er durch physische verloren hat." „Kann der König von Preussen noch Sternwarten bauen?" soll Napoleon 1812 erstaunt gerufen haben, als er den bereits 1811 begonnenen Bau der hiesigen Sternwarte sah. In ihrer Nähe hatte der Staat bereits 1806 vom Kriegsrat Scheffner ein Grundstück für 12000 Thlr. zur Herrichtung eines botanischen Gartens erworben und liess 1809 diesen und ein Wohnhaus für seinen Leiter herstellen. Kliniken wurden im löbenichtschen Hospital damals eingerichtet, ein Lehrstuhl für Geburtshilfe geschaffen, die Provinzialentbindungsanstalt zur geburtshilflichen Klinik umgewandelt, die Schlossbibliothek wurde in das Königliche Palais nach der Neuen Sorge (Königstrasse) verlegt. Jeder Fakultät wurde eine Summe von 50 Thalern zur Ausschreibung von Preisaufgaben, die jährlich gestellt werden sollten, bewilligt.

Die Thätigkeit von Johannes Schulze, der unter dem Ministerium Altenstein und Eichhorn die Aufsicht über Schulen und Universitäten führte, ist schon berührt werden. Die Gehälter der Professoren blieben trotz mehrfacher Erhöhungen noch immer geringfügig, so dass Kraus zu seinem Kollegen Pörschke die Äusserung that: Wer sich der Königsbergischen Universität widmet, legt ein Gelübde der Armut ab. Kant begann mit einem Gehalt von etwa 400 Thlr., das durch Zulagen auf etwa 750 Thlr. stieg. Um das Jahr 1830 betrug das höchste Gehalt 1500 Thlr., das niedrigste 150 Thlr. Die Mehrzahl der Gehälter lag zwischen 500 und 1100 Thlr. Das Amt eines Kanzlers wurde 1842 abgeschafft. Seit 1843 erfolgte der Rektorwechsel jährlich. Das Rektorat brachte eine jährliche Einnahme von 300 Thlrn. Eine Fülle von Sammlungen für Kunst und Naturkunde wurde angelegt und mit Dotationen versehen, Seminare, die mehr und mehr die nutzlosen Disputationen ersetzten, und Institute eingerichtet und mit Prämienfonds ausgestattet, eine akademische Handbibliothek (1833) neu begründet.

Die Verwaltung der Universität, die ursprünglich nur die Regierung führte, wurde später einem besonderen Kurator übertragen.

Von 1806—1819 führte sie der Oberpräsident von Auerswald. Infolge der Karlsbader Beschlüsse erhielten die preussischen Universitäten einen ausserordentlichen Regierungsbevollmächtigten, der darüber zu wachen hatte, dass die Professoren in ihren Vorlesungen auf den Geist der Jugend einen heilsamen Einfluss ausüben sollten. Zugleich wurde die Censur eingeführt. Von 1819—1824 bekleidete das Amt des Regierungsbevollmächtigten Regierungspräsident Baumann, später teilten sich darin Justitiarius Heyne und Geheimer Regierungsrat Reusch, ein Schüler von Kant und Kraus, der seit 1834 allein dieses Amt führte und sich durch seine versöhnliche und vermittelnde Thätigkeit die Liebe aller erwarb. Man sah in ihm, wie Burdach 1844 in einer Erwiderung auf den Glückwunsch sagte, mehr den Kurator als den Regierungsbevollmächtigten. Reusch aber hatte hervorgehoben, dass in den 20 Jahren seiner Thätigkeit nie eine Differenz entstanden sei und Meinungsverschiedenheiten leicht ausgeglichen wären.

Es herrschte auf der Hochschule unter den Professoren eine freie Auffassung. Männerstolz vor dem Königsthron war jener Generation nicht fremd. „Ich freue mich immer," schreibt Herrmann an Lobeck (März 1844), „wenn ich von Königsberg etwas höre. Dort scheint ein wackres Geschlecht einheimisch zu sein, das der aufgedrungenen Nacht feind ist. Ihre Kommilitonen sind eine tüchtige Armee, die sich nicht werfen lässt." Im amtlichen Glückwunsch zum 300jährigen Jubiläum der Albertina rühmte die Universität Halle, dass die Königsberger Amtsgenossen die Gesinnungen ihrer Mitbürger geteilt und lieber durch freies Bekenntnis der Wahrheit den Hass der Dunkelmänner sich zuzuziehen, als durch Verschweigen und Heuchelei sich Gunst zu verdienen vorgezogen hätten.

Ein Beispiel dafür gewähren die Ehrenpromotionen, welche die philosophische Fakultät dem Rechtslehrer Albrecht und die medizinische dem Physiker Weber im Jahre 1837 zu teil werden liess. Beide gehörten zu jenen Göttinger Sieben, die wegen ihres Protestes gegen den Staatsstreich des hannoveranischen Königs Ernst August ihr Amt verloren hatten. Reusch erbat, um den Verdacht der demagogischen Umtriebe zu vermeiden, die Verzögerung der Absendung des zweiten Diploms, die auch erst am 31. Dezember erfolgte. Namentlich störte ihn der Ausdruck des medizinischen Diploms, ob praeclara inventa, quae ad explanandam progressus humani rationem contulit. Er musste die immerhin wohl spöttische Antwort hinnehmen, dass Webers berühmte Theorie des menschlichen Gehens gemeint sei. Es folgte ein Tadel vom Kronprinzen Friedrich Wilhelm, der von

1808 Rektor der Albertina war, weil sich die Universität erlaubt habe, in den Diplomen, in denen sein Name obenan stehe, einen Tadel öffentlich gegen eine befreundete Regierung auszusprechen. Schärfer urteilte Minister Altenstein. Die Fakultäten antworteten, dass sie sich bei der Wahl der Ausdrücke nur durch wissenschaftliche Rücksichten, bei der Wahl der Zeit nur durch rein menschliche Teilnahme am Missgeschicke hätten bestimmen lassen. Den Kronprinzen befriedigte die Art, wie man den Tadel aufgenommen, in hohem Masse.

Das geistige Leben Königsbergs war bei solcher Fülle bedeutender Mitbürger ein ausserordentlich bewegtes. Der Oberpräsident (1824—1842) Theodor von Schön, nach Ranke praktisch vielleicht der bedeutendste Schüler Kants, stand den meisten nahe und ihm widerstrebte es, sich in die politische Kabale, die vom Berliner Ministerium ausging, einzumischen. Baer rühmte noch im Alter das gesellige Leben Königsbergs, in dem keine Abgeschlossenheit nach Zünften und Gilden stattfand. Schulmänner, Ärzte, Geistliche und Professoren bildeten regelmässig zusammentretende Kränzchen. Mehr als durch jene Leitartikel in den Wochenschriften des vorigen Jahrhunderts wirkten die Professoren durch anregende Vorträge, die sie in der physikalisch-ökonomischen Gesellschaft, die, 1789 in Mohrungen gegründet, seit 1799 in Königsberg tagte, und in der Königlichen deutschen Gesellschaft hielten. So war Königsberg, bevor noch der Schienenweg es dem deutschen Vaterlande näher gerückt hatte, eine hohe Warte geistiger Bildung und selbständiger Denkungsart.

Die Zahl der Studierenden betrug in der zweiten Hälfte des achtzehnten Jahrhunderts durchschnittlich 500 und stieg durch die Verbreitung des Rufes von Kant bis 1804 auf 700. Sie sank dann wieder zur Zeit der Freiheitskriege und stieg nach ihnen, so dass die Durchschnittsziffer für die Mitte des Jahrhunderts etwa 425 betrug. 1744 studierten hier 591 Theologen, 428 Juristen, 13 Mediziner, die sämtlich auch der philosophischen Fakultät angehört hatten oder noch angehörten, 1835 162 Theologen, 72 Juristen, 77 Mediziner und 95 Philosophen. Die Universitäten Breslau und Berlin entzogen der Königsberger einen grossen Teil von Pommern, Schlesiern, Polen, die früher sie aufgesucht hätten.

Eine wesentliche Änderung des Studententums wurde durch die 1788 von Wöllner publizierte, aber bereits von Zedlitz geplante Einführung des Abiturientenexamens eingeführt. Sie schien um so notwendiger, da Ostpreussen allein 60 Stadtschulen hatte. Nur 17 davon hatten drei oder mehr Lehrer, alle aber berciteten trotzdem ihre Schüler auf die Universität vor und verschafften thatsächlich auch ihnen Eintritt unter die akademischen Bürger. Dennoch hatte die philosophische Fakultät unter dem Dekanate von Kant die herkömmliche Prüfung durch den Dekan der philosophischen Fakultät auf Grund eines vom Rektor oder Inspektor der ihnen unterstellten Anstalt ausgestellten Zeugnisses für genügend erklärt, „wenn nur auf den Schulen bei der Aufnahme und Versetzung strenger verfahren und Untaugliche rechtzeitig entfernt würden." Indessen wurde noch 1788 den Studenten ein Examen an der Universität gestattet; überdies schloss ein Zeugnis der Unreife weder vom Universitätsstudium noch von Anstellung im Staatsdienste, sondern nur vom Genuss der Stipendien aus. Nach einigen unwesentlichen Änderungen im Jahre 1812 wurde zunächst durch Verordnung der Ministerien, dann durch das neue Reglement der Abiturientenprüfung vom Jahre 1834 die Zulassung zum Universitätsstudium oder vielmehr zu den Berufsarten und Staatsämtern, zu denen die Hochschulen vorbilden, an eine Reifeprüfung geknüpft, die an einem humanistischen Gymnasium zu bestehen war. Auch den Studenten galt derjenige nicht als rechtmässiger Bursch, der von einer Realschule kam oder bei der Prüfung Nr. 3 (untüchtig) erhalten hatte.

Für das 18. Jahrhundert kann man noch nicht sagen, dass damals in der Studentenwelt mehr Wert auf gute Sitten als auf strenge Gesetze gelegt wurde. Im Jahre 1750 ward sogar verboten, dass ein Student ohne Begleitung von Hofmeistern sich nach 9 Uhr abends auf den Strassen sehen lasse, ausser, wenn er ganz notwendige Geschäfte zu erledigen hätte. Es sollte sogar jeder Student, der nach 9 Uhr abends in Wein-, Bier-, Kaffee- oder dergleichen Häusern angetroffen wurde, mit Karzer bestraft werden. Die Universität erhielt den Befehl, solche Häuser durch Patrouillen nach dieser Zeit aufsuchen und die säumigen Studenten arretieren zu lassen. Den Wirten, die diese bei sich beherbergt hätten, war eine Strafe von fünf Thalern angedroht. Namentlich wird vor Konflikten mit der Garnison gewarnt, das Duell und das Tragen von Degen verboten, sowie ein gesittetes Betragen anempfohlen. Natürlich liess sich der Humor der Studenten durch keine Paragraphen einschränken. Scheffner erzählt von der in seiner Studentenzeit (1752) üblichen Pantoffelparade. Die Studenten stellten sich in der Vorhalle des Domes in zwei bis drei Reihen auf und liessen die aus der Kirche kommenden Damen eine Censurgasse passieren. Die Jungfer, die den Herren das Kompliment nicht recht machte, erlitt von den ungebetenen Richtern Neckereien oder tadelnde Urteile. Manches übermütige Stumpfnäschen soll aber dem Tadler so spitz erwidert haben, dass er von seinen Kommilitonen wacker ausgelacht, bisweilen sogar von stillen Verehrern der jungen Maid zur Rechenschaft gezogen wurde. Schärfer als die Helden der Pantoffelparade ging ein Studiosus Rüdiger vor. Er erhielt auf einem Balle von einer Dame einen Korb, die späteren Aufforderungen zum Tanze nachgab. Als die junge Dame später mit ihrem Mütterlein nach Hause fuhr, hielt Rüdiger, umgeben von Laternenträgern und Musikern, den Wagen auf der Schmiedebrücke an und zwang trotz Flehens und Klagens die junge Dame, mit ihm auf der Schmiedebrücke ein Menuett in dem von den mitgebrachten Leuten geschlossenen Kreise zu tanzen. Er erreichte später nicht ganz das Ziel eines Studenten; denn er endete 1820 als Besitzer der ersten Badeanstalt in Königsberg.

Natürlich fehlte es auch nicht an anderen mehr oder minder passenden Streichen. Noch im Jahre 1804 beschwerte sich der Probst der katholischen Kirche, dass an jedem Sonn- oder Feiertag namentlich die polnischen Herren Studiosen dem Anscheine nach absichtlich in die Kirche kommen, um in ihr herumzuspazieren und andere sittsame und gottesfürchtige Leute zu stören. Sie lachten die Kommunikanten aus. Ja, einer behandelte sogar eine Grossbürgerfrau, die ihn an Sittsamkeit mahnte, auf die beleidigendste und schimpflichste Art. Ein Reisender, der um 1800 Königsberg besuchte, schrieb in sein Journal, dass die Königsberger Studenten sich durch ihr Äusseres sehr unvorteilhaft auszeichnen. Sie tragen, sagt er, grosse Hüte, schief aufgesetzt, entsetzlich lange Sürtouts mit ganz kurzer und schmaler Taille. Ein anderer berichtet, dass sie das Verbot des Waffentragens umgingen, indem sie mit Stiefeln und Sporen und im Reitkollet reisefertig einhergehen, um so das Schlachtschwert nicht von der Seite lassen zu müssen. Wenn aber ein Reisebericht die Studenten allgemein träge, liederlich und roh nennt, so ist dies Urteil wohl nur durch augenfällige Erscheinungen getrübt. Die Generation, welche zu den Füssen von Kant und Kraus sass, die einen Hamann, Herder, Hippel, die Freiherren von Schrötter, Max von Schenkendorf, Scheffner zu ihren Kommilitonen zählte, verdiente wohl mehr das Lob, das ihr ein anderer spendet. Dieser Reisende findet den Königsberger Studenten fleissiger als anderswo, frei von Renommistereien und Modepedantereien, ausgezeichnet durch feine Lebensart.

Auch Studentenorden, die damals eine freimaurerische Tendenz befolgten, werden erwähnt. Schenkendorfs Kränzchen, das er mit dem Freiherrn von Schrötter in den Studentenjahren unter dem Namen Blumenkranz des baltischen Meeres stiftete, scheint wenigstens ursprünglich in den geheimen Zeichen den Orden ihnen nachgeahmt zu haben. Als es später 1809 erneuert wurde, vereinigte es in sich Männer aus allen Lebensstellungen, Schauspieler, Maler, Professoren und Dichter. In den stürmischen Tagen des Jahres 1806 bis 1809, in denen sich in Königsberg ein Kreis auserlesener Männer und Frauen vereinigte, nahmen auch die Studenten am Unglück des Vaterlandes teil. Nach der glücklichen Schlacht bei Pultusk im Jahre 1806 brachte ein Student im Theater ein Pereat auf Napoleon aus. Durch Fackelzüge und Festlichkeiten bewiesen die Söhne der Albertina ihre treue Anhänglichkeit an das Herrscherhaus während des Aufenthaltes des Königspaares von 1808 bis 1809 in Königsberg. Während der Schritt der Grenadiere Napoleons auf den Strassen der Stadt im Jahre 1812 erdröhnte, zog ein Student nach dem Vortrag eines Lobgedichtes von Schubert auf Friedrich den Grossen so tüchtig im Hörsaal auf Napoleon, „den sogenannten Helden unserer Tage", los, dass Professor Delbrück ihn mahnen musste, auf Zeit und Verhältnisse Rücksicht zu nehmen.

Das Jahr 1812 endete, die Hörsäle leerten sich, Waffen klirrten in der Krönungsstadt. Mehr als 500 Studierende oder ehemalige Studenten der Albertina zogen in den Kampf für die Befreiung des Vaterlandes, und mancher blieb auf dem Schlachtfeld, dem Sittengesetze gehorchend, das er hier gelernt hatte. Die Begeisterung für die alten deutschen Ehren, für das heilige deutsche Kaisertum, war in den Heimkehrenden nicht erloschen, obschon der ersehnte Ritter, der Deutschland, die verlassene Braut, heimführen sollte, nicht erschienen war. Man hatte nach den riesenhaften Anstrengungen und beispiellosen Opfern „nichts Reelles" zum Lohn erhalten. Zu der Begeisterung für solche Ideale trat besonders bei denen, die echte Ritterlichkeit im Feuer der Schlacht erkannt und geübt hatten, eine berechtigte Verachtung gegen jene landsmannschaftlichen Koterieen, die noch in äusserlicher Bethätigung von roher Kraft und verwegenem Übermut die Burschenehre zur Schau tragen zu müssen glaubten. Aus reinem Streben ging in Jena und anderswo die Stiftung der deutschen Burschenschaft hervor. Auch in Königsberg hatten die Einheitsbestrebungen der Freiheitskämpfer fruchtbaren Boden gefunden. Es wurde um 1817 die allgemeine Burschenschaft gegründet, die, fern von politischen Zielen, in erster Linie die Zusammengehörigkeit der Studenten betonte und sich 1818 der allgemeinen deutschen Burschenschaft anschloss. Vaterländische und christliche Gesinnung war ihre Grundidee. Sonntäglich fanden Versammlungen im Fechtsaal des Albertinums statt, in denen Berichte über das Gedeihen der Burschenschaften auf den Universitäten abgestattet oder Gericht über solche gehalten wurde, die entehrender Handlungen angeklagt waren. Jährlich wurden neue Senioren und Festordner gewählt. Der 18. Juni vereinigte entsprechend dem durch die deutsche Burschenschaft vorgeschriebenen Brauch Professoren und Studenten auf unserm höchsten Berge, dem Galtgarben, der seit dem September 1818 noch durch ein eisernes Kreuz und ein Ehrenmal geziert war, die auf Anregung des Veteranen aus dem siebenjährigen Kriege, des Kriegsrats Scheffner, errichtet waren. Hier fand sich alles zusammen, jung und alt aus der Umgegend strömte zu. Wettläufe den Katzensteig hinunter, Reiterkämpfe, Turnerkunststücke, Tänze, Ansprachen boten angenehme Abwechselung. Wenn die Nacht hereingebrochen war, ward unter Sang und Klang bei hell loderndem Holzstoss ein fröhlicher Kommers gefeiert. Mancher scheute den Heimweg und kroch unter einen dichten Haselbusch, um sich für die Nacht zu betten. Böse Zungen behaupteten, er sei abgefallen. Des Morgens trat dann einer nach dem andern, bisweilen mit zerrissenen Hosen, aus dem feuchten Nachtquartier an den glimmenden Holzstoss, um sich zu erwärmen. Alljährlich bis 1848 fanden diese Studentenfeste auf dem Galtgarben statt, nachdem der Errichter des Kreuzes, Scheffner, bereits 1820 dort auf des Berges luftiger Höhe sein Grab gefunden hatte.

Die Königsberger Burschenschaft schrieb ihren Mitgliedern die Forderung zum Duell (Schlägermensur) bei erlittenen Beleidigungen vor. Auch vor Pistolenduellen mussten Mensuren mit dem Hieber vorausgehen. So forderte es die Burschenpflicht. Die grossen Hüte, die pfundschweren Kanonen wichen einfacher Tracht. Ein schwarzer deutscher Rock, ein schwarzes Sammetbarett, mit silbernem Eichenlaub und Albertus geschmückt, der seit 1817 hier das Abzeichen der Studierenden bildete, kleidete die Studenten, von denen manche die Denkmünze der Feldzüge von 1813 und 1815 oder gar das Eiserne Kreuz auf der Brust trugen. Einige trugen auch noch zur Seite den Hieber und farbige Abzeichen. Nur polnische Studenten, Kurländer oder ein „philiströses deutsches Kamel" machten eine Ausnahme. Es herrschte ein frisches fröhliches Treiben. Studentenbälle im Junkerhof und Gartenkonzerte mit Fahrten auf dem Schlossteiche vom Bauerschen Garten aus wurden von den Familien gern aufgesucht. Beliebte Lehrer und Kommilitonen wurden in glänzendem Aufzuge in Galawagen, die mit sechs Schimmeln bespannt waren, aus der Stadt geleitet und erst in einiger Entfernung von ihr der feierliche Abschied genommen.

Die Burschenschaft trat in nähere Beziehung zur deutschen Burschenschaft, indem zwei der beliebtesten Studenten Königsbergs, Lucas (später Schulrat) und Dieffenbach (der berühmte Chirurge), als Deputierte zum zweiten Wartburgfest (1818) entsendet wurden. Begeistert kehrte Lucas heim, und das Feuer, das ihn entflammte, ergriff auch andere Kommilitonen. So hielt sein Freund Heinel (später Prediger und Verfasser der bekannten preussischen Geschichte) bisweilen unter den Linden des Kollegienplatzes politische Reden gegen Aristokraten. Die schon in Aachen (1818) geplanten Untersuchungen wurden nach dem Attentat auf Kotzebue (März 1819) auf Grund der Karlsbader Beschlüsse durch die ernannten ausserordentlichen Regierungsbevollmächtigten vollzogen. Die Totenfeier, die im Königsberger Theater für Kotzebue veranstaltet werden sollte, gab auch den Studenten Gelegenheit zu einer Kundgebung. Bei dumpfem Glockenklang klagte Thalia in gotischer Halle beim Mondschein um den Verstorbenen. Bei den Worten der Muse: Er sank dahin, erhob sich ein nicht endendes Bravo von Seiten der zahlreichen Studenten. Der Vorhang fiel, da die Schauspielerin nicht zu Worte kam. Als das Publikum auf eine Anfrage wenigstens die Aufführung der angekündigten Schauspiele des Dichters verlangte, da verliessen die Studenten insgesamt das Theater.

Mochte sich auch der junge Most hier und bei anderen Gelegenheiten etwas toll geberden, er versprach doch einen guten Wein. Altensteins und Schulzes Thätigkeit, so segenbar auf anderem Gebiete, ist doch für immer mit dem Schandfleck jener Demagogenriecherei gebrandmarkt, die mit „Brieferbrechern und Inquisitionshäschern" die Verbote aller Verbindungen durchzusetzen versuchte. Statt der Jugend jene edle Begeisterung zu gönnen, die nach Goethe „die Triebfeder aller edler Handlungen, der Sitz einer heiligen Nacheiferung ist", verbot man ihre unschuldigen Verbindungen, erbrach ihre Schränke und schmiedete aus phantastischen Freiheitsideeen die Anklagen. Man entzog sie ihrem akademischen Gerichtshofe und bedrohte die reinen Jünglinge mit Gefängnis und Zuchthaus. Auch Heinel und Lucas liess man erst nach peinlichen Untersuchungen frei und erkannte ihnen die Fähigkeit zu öffentlichen Ämtern ab. Die vermittelnde Thätigkeit Theodor von Schöns hob diesen Bann. Lucas wurde später Schulrat und genoss als solcher das volle Vertrauen der vorgesetzten Behörden.

Durch diese Verfolgungen und Verbote wurde zwar die deutsche Burschenschaft beseitigt, aber die allgemeine Burschenschaft bestand weiter. Innerhalb dieser Vereinigung aber hatten sich schon früher Kränzchen gebildet wie die servanda societas oder die Musse mit geselligen und wissenschaftlichen Zwecken. Einzelne Gruppen nannten sich Litauer, Masuren, Pommern, wie die alten Landsmannschaften, während ein Studiosus, um sie zu verspotten, eine Drengfurtiana gründete. Sie bestanden innerhalb der allgemeinen Burschenschaft. Besondern Einfluss übten die Pappenheimer, deren Mitglieder, wie die Grafen Dohna, Eulenburg, von Batocki meist adlig waren und die „Blüte der Universität" genannt wurden. Solche Kränzchen hielten sich, obwohl nicht bloss die Burschenschaft, sondern Verbindungen überhaupt nach königlichen Reskripten als unerlaubt angesehen wurden. Seit 1827 lockerten sich die Bande der allgemeinen Burschenschaft infolge persönlicher Reibereien. Um 1829 thaten sich mehrere Landsmannschaften, Litauer, Normannen, Pappenheimer, Borussen, Masuren auf, von denen sich nach mannigfachen Schwankungen und Wechselfällen nur noch Masuren und Litauer in ihren heute Corps genannten Vereinigungen erhalten haben. Ein rein landsmannschaftliches Princip lag diesen Bestrebungen fern. Fortan ward die allgemeine Burschenschaft durch Beschlüsse der geschlossenen Landsmannschaften majorisiert. Entrepreneurs und Chapeau d'honneurs stellten nur diese, obwohl die Festlichkeiten noch in gemeinsamen Tagungen beraten wurden. Als Gegengewicht dagegen bildete sich unter den Nichtverbindungsstudenten um 1838 eine neue allgemeine Burschenschaft. Auch in ihr gab es wieder Kränzchen, wie Saxonia, Hochhemia, Arminia, Germania. Nur die letztere hat sich in der rollenden Jahre Vollendung erhalten. Die Hochheimer hatten damals eine auserlesene Schar bedeutender Männer in ihrer Vereinigung. Der später so bekannte Shakespeareerklärer Friedrich Kreyssig, der nachmalige Botschafter in Rom Baron von Keudell, der Minister Hobrecht, der Litterarhistoriker Julian Schmidt waren Hochheimer, während der Nibelungendichter Wilhelm Jordan Litauer, der Historiker Ferdinand Gregorovius Masure war.

Das Leben dieses Völkchens, das zeitweise auch ein bischen politische Kundgebungen machte und bei drohenden Untersuchungen dieses oder jenes Schriftstück zeitig verbrannte oder eine Weile

Farbe und Band verschwinden liess, wie es die Masuren noch 1844 thun mussten, war einfach und heiter. Eigentliche „Kneiplokale" für die Verbindungen gab es nicht, man traf sich in öffentlichen Kneipen und den Mittelpunkt bildete der Fechtboden. Die Bestimmungsmensur kannte man nicht, sondern der kampflustige Bursche „brannte" dem Gegner einen dummen Jungen oder „Rappierjungen" auf. Die Kneipen begannen mit der Burrutinen, in der Forderungen der einzelnen in einer oder mehreren Flaschen Braunbier ausgemacht wurden. Das eigentliche Getränk bildete entweder Löbenichtsches Braunbier mit oder ohne Funken oder Flibb (Warmbier mit Rum) oder die Grogbowle, die zuweilen stark fuselhaltig gewesen sein soll.

Die grossen Tage, in denen in Königsberg dem neuen Monarchen Friedrich Wilhelm IV. gehuldigt wurde, brachten die Studentenschaft um so mehr in Bewegung, als der König ihr Rektor war und blieb. Bei einem Fackelzuge war Gregorovius Entrepreneur, Wilhelm Jordan Sprecher. Die Studentenschaft brachte Alexander von Humboldt ein Vivat. Dagegen brachte man dem Prorektor Schubert ein Pereat und eine vielstimmige Katzenmusik, weil er den Studenten den Besuch der Vorlesungen des politisch damals höchst thätigen Litteraten Walesrode verboten und den von Rudolf Gottschall an das schwarze Brett gemachten Anschlag hatte entfernen lassen. Gottschall und fünf andere erhielten das consilium abeundi. Grössere Wellen der Aufregung verbreitete die Demonstration, welche die Studenten dem orthodoxen Professor Hävernick, der Lengerke das Gegengewicht in der Theologie zu halten bestimmt war, bei seiner Eröffnungsvorlesung bereiteten. Von der Aufregung benachrichtigt vermied er Worte der Begrüssung und fing ohne Einleitung die Vorlesung an. Nach kurzer Zeit erhob sich ein Student mit den Worten: „Ich empfehle mich Ihnen", und sämtliche anwesenden Studenten verliessen mit ihm das Auditorium. Von einem Pereat standen die Studenten auf Vorstellung des Polizeipräsidenten ab, sondern begnügten sich mit einer Serenade für Lengerke. Der Senat bestrafte die schuldigen Studenten nach Ansicht des Ministers Eichhorn zu milde und erhielt deswegen ein hartes Schreiben, das der König trotz Beschwerden billigte.

So schien in das bevorstehende dreihundertjährige Jubiläum von vornherein ein Misston zu kommen, da der Minister Andeutungen über die königliche Ungnade machte. Indessen das freimütige Auftreten des Rektors Burdach, der mit rastloser Thätigkeit die Festlichkeiten vorbereitete und leitete, verscheuchte die Wolken. Der König bewilligte für die Jubelfeier 12000 Thaler. Neben der Universität bereitete ein besonderes Komitee ehemaliger Universitätsgenossen, dem u. a. Sperling, Dr. Johann Jacoby, Hartung angehörten, das Fest würdig vor. Am 26. Juni wurde das Festprogramm durch die Zeitungen bekannt gemacht. Der eigentlichen Jubelfeier ging die Säkularfeier Herders in der Aula, die die deutsche Gesellschaft veranstaltete, voraus. Unmittelbar vorher überreichte der Minister Eichhorn, nachdem er eine Aussprache mit dem Rektor Burdach gehalten hatte, diesem im Auftrage des Königs eine schwere goldene Kette mit dem Brustbild des Stifters der Albertina. Allmählich hatten sich Hunderte alter Kommilitonen eingefunden, eisgraue Kumpane, die noch zu den Füssen Kants gesessen hatten — der älteste der Anwesenden studierte 1776 auf der Albertina — die Kämpen der Freiheitskriege, die Genossen der Burschenschaft. Für die Jahrgänge bis 1810 war ein Vereinigungspunkt das Café national (Königsgarten), bei Ehlers versammelten sich die Genossen aus dem zweiten Jahrzehnt; zwei andere Lokale vereinigten die übrigen Kommilitonen, soweit nicht die zahllosen Festlichkeiten sie anderswo in Anspruch nahmen. Am Montag den 26. Juni begann die Feier mit Konzert in dem von Borckschen Garten am Schlossteiche. 3500 Lampions erleuchteten abends den Garten. Am 27. August zechte man unter freiem Himmel auf Königsgarten, wo Tafeln aufgeschlagen waren. Am 28. August fand der Empfang der Deputationen im Auditorium maximum statt, denen der Prorektor in würdiger Weise oft unter lautem Beifall antwortete. Nachmittags traf der König ein. Abends war Beleuchtung der Stadt und ein Fest in den Logen. Die Festlichkeiten bestanden in Soupers, Kommersen, in einem Studentenballe auf dem Moskowitersaale, in einer Wasserfahrt auf dem Pregel, Fackelzug, kurz in einer Fülle von abwechselnden Darbietungen, die durch eine Reihe von Gesängen, Dichtungen, Reden und Toasten gewürzt wurden. In allem hallte es wieder vom Kampf gegen Zöpfe und Perücken, gegen Geistesknechtschaft und Dunkelheit. Bei der feierlichen Grundsteinlegung zum neuen Universitätsgebäude auf Königsgarten am 31. August sprach auch der König Friedrich Wilhelm IV. und wünschte, dass die Albertina nimmermehr auf der Irrbahn der Kometen vorwärtsgehe. Ihr Vorwärts sei das des Lichts der Sonne, das gleichmässig ausgestrahlt, die Finsternis wirklich erhellt, in tiefe Höhlen eindringt, das Nachtgefieder verscheucht, Keime entwickelnd, Blüten entfaltend, Früchte reifend, an deren Genuss die Menschen gesunden. Ein Besitz zu dauerndem

Gewinn ist die Rede Lobecks, der bei diesem Feste, bei dem „so viel Licht seine Strahlen in die Finsternis geschleudert" hat, am 30. August in der Domkirche mit hellleuchtender Fackel zum Schrecken der Nebelleute gegen die unsichtbaren Häupter der hierarchischen Propaganda, gegen den Andrang der materiellen Interessen, gegen die Heuchelei genialer Erleuchtung redete. Ihm und Burdach wurden seitens der Studierenden und alten Studiengenossen besondere Kundgebungen dargebracht.

Für die Festgenossen war ein besonderes Gedenkbuch ausgelegt, in das Namen und Sinnsprüche eingetragen wurden. Da lesen wir denn heitere und ernste Gedanken von bekannten und vergessenen Söhnen der Albertina, die den Jugendtraum hier zum zweitenmal geträumt hatten. Keiner dürfte aber an Tiefe dem Denkspruche Lobecks gleichkommen:

Wie der Aar im hohen Äther, ohne Grenze, ohne Schranke,
Lenkt den Flug im Geisterreiche unaufhaltsam der Gedanke,
Und das Wort, vom Geist empfangen, stark und frei im Dienst der Wahrheit,
Leuchtet durch die Nacht des Lebens mit des Morgenlichtes Klarheit.

VII.[1])

Es ist ein gross Ergetzen,
Sich in den Geist der Zeiten zu versetzen,
Zu schauen, wie vor uns ein weiser Mann gedacht,
Und wie wir's dann zuletzt so herrlich weit gebracht.

In der That, auch wer von der höchsten Warte auf das Geistesleben der Albertina herabschauen würde, würde kaum imstande sein, den Inhalt der Lehren, das gewaltige Gebiet der Spezialstudien, die in einer einzigen Fakultät in einem Semester den Schülern geboten werden, zu überblicken und in Zusammenhang zu bringen. Im sechzehnten und siebzehnten Jahrhundert gehörten die Professoren häufig zwei Fakultäten zugleich an. Sabinus war Jurist und zugleich ein glänzender Philologe. Im achtzehnten Jahrhundert rückten Professoren der philosophischen Fakultät wie Gregorovius oder Mathematiker nicht selten in die juristische empor. Hartmann war zugleich Mediziner und Philosoph. Ein Professor der Eloquenz fungierte auch als Theologe, und ein Jurist ist im Nebenamt Hofprediger. Wie anders muten uns jetzt die Verzeichnisse der Vorlesungen an. „Wir sehen," sagte Helmholtz bereits 1862, „die Gelehrten unserer Zeit vertieft in ein Detailstudium von so unermesslicher Ausdehnung, dass auch

---

1) Abschnitt V und VII sind hier zuerst abgedruckt.

der grösste Polyhistor nicht mehr daran denken kann, mehr als ein kleines Teilgebiet der heutigen Wissenschaft in seinem Kopfe zu beherbergen." Statt der elf Professoren bei Gründung der Albertina wirken heute 54 ordentliche Professoren an der Hochschule. Die medizinische Fakultät ist von den zwei etatsmässigen Professoren des 16. Jahrhunderts zur Zahl von acht ordentlichen und zehn ausserordentlichen gestiegen, die philosophische zählte um 1600 acht ordentliche Professoren, 1894 30 Ordinarien und 13 Extraordinarien. Was würden ein Brettschneider oder Aurifaber, die ersten Mediziner an der Universität, sagen, wenn sie hören würden, dass je einer oder mehrere Dozenten für Anatomie, Physiologie, pathologische Anatomie, Chirurgie, innere Medizin, Gynäkologie und Geburtshilfe, Psychiatrie, Augenheilkunde, Dermatologie und Syphilis, Hals-, Nasen- und Ohrenkrankheiten, Pharmakologie, Hygiene und gerichtliche Medizin vom Staat Lehrauftrag und Besoldung empfangen. Zu der Beschäftigung mit den beiden klassischen Sprachen und den orientalischen ist ein grosser Kreis fremder Sprachen hinzugetreten, die vergleichende Sprachforschung, die Geographie, die Nationalökonomie, die Geschichte, ja, selbst die landwirtschaftlichen Disciplinen haben ihre Vertreter, damit die Albertina in Wahrheit eine universitas litterarum sei. Und doch wird Klage geführt, dass noch viele Zweige des Wissens hier unbeachtet bleiben, weil für sie kein besonderer Dozent berufen ist.

In Einklang damit steht die Teilung der Arbeit, die bis Mitte des Jahrhunderts noch in zwei grossen Gesellschaften auf dem Gebiet der Geisteswissenschaften und der Naturwissenschaften geleistet werden konnte. Ja, man kann sogar sagen, dass die deutsche wie die physikalisch-ökonomische Gesellschaft an Bedeutung verloren haben, zum Teil weil ein regeres wissenschaftliches Leben in der Altertumsgesellschaft Prussia (1844 durch den Professor der Kunstgeschichte A. Hagen gestiftet), durch den Verein für Geographie (Gründer Professor Zoeppritz), durch den Verein für Geschichte von Ost- und Westpreussen (gegründet von Professor Maurenbrecher), durch ein archäologisch-philologisches Kränzchen (Gründer Professor Hirschfeld), durch den Verein für Botanik (gestiftet von Caspary), in Vereinigungen der Mathematiker, in juristischen und medizinischen Gesellschaften Gelehrte und Liebhaber zu gemeinsamer Arbeit und Mitteilung von Forschungen vereinigt. Man muss mit Dankbarkeit anerkennen, dass diese Vereinigungen ihre Entstehung zumeist den Professoren der Universität verdanken und dass ihr Gedeihen nicht unwesentlich von ihrer Teilnahme und Anregung abhängt.

Noch im Jahre 1787 klagte v. Baczko, dass Preussen in Deutschland beinahe wie ein gelehrtes Sibirien verschrieen und dass wir hier durch die Entfernung von Leipzig, dem Mittelpunkt des deutschen Buchhandels, alle litterarischen Neuigkeiten um vieles später erhalten, auch Schriftstellerei nicht durch Leichtigkeit des Absatzes begünstigt wird. Man würde unbillig oder blind sein, wenn man nicht auch hier den Fortschritt erkennen wollte. Neben der grossen Königlichen und Universitätsbibliothek, die neuerdings wöchentlich noch auf Wunsch die Bestellung von Büchern aus der Berliner königlichen Bibliothek besorgt, giebt es eine solche Fülle von Büchereien an Instituten, Seminaren, Schulen und in Vereinen, dass auch der eifrigste Bücherfreund bei ernstem Bemühen meist seine Bedürfnisse in dieser Beziehung befriedigt sehen wird.

Dazu kommt die Besserung der äusseren Verhältnisse, obwohl die gesteigerte Lebensführung auch in Universitätskreisen die Ansprüche bedeutend erhöht hat. In der theologischen Fakultät bewegen sich die Gehälter der Ordinarien in einer Stufenfolge von 3800—6000 Mark, in der juristischen von 3600—6600 Mark, in der medizinischen von 4050—7000 Mark und in der philosophischen von 2700—7200 Mark (ohne Wohnungsgeldzuschuss). Es ist dabei merkwürdig, dass die philosophische zwar wie früher das niedrigste, aber auch in schroffem Gegensatz zur älteren Zeit das höchste Gehalt aufweist.

Die Zahl der Studierenden zeigt ebenfalls eine Steigerung. Gegenwärtig sind hier 658 Studenten immatrikuliert, 99 Theologen, 181 Juristen, 225 Mediziner, 153 Philosophen. Es ist bezeichnend, dass die theologische Fakultät durch die anderen drei an Zahl der Studierenden überholt ist. Die Durchschnittsziffer war von 1844 bis 1871 weit unter 500 Studenten, erreichte ihren Höhepunkt 1881/82 bis 1886 mit 883 und ist seit jener Zeit wieder gesunken. Königsberg zählt indessen zu den kleinen Universitäten und stand um 1892/93 nur über Kiel, Rostock, Giessen und Jena. Es giebt also noch 15 deutsche Hochschulen mit grösserer Gesamtzahl.

So erfreulich dieses Wachstum der Albertina an äusserer und innerer Grösse ist, so wenig wird uns der Blick auf die Menge von Instituten, Kliniken und Laboratorien, die gerade in den letzten Jahrzehnten hier geschaffen oder wenigstens bedeutend erweitert sind, dazu bewegen, ein Lobredner der Gegenwart oder der letzten 50 Jahre zu werden. Es sind bekanntlich Worte Wagners, die diesem Abschnitt vorangestellt sind. Nur Pedanten und kleine Geister pflegen die Gegenwart gegenüber früheren Zeitaltern zu preisen und den Satz des alten Seneca zu vergessen, dass nach mehreren hundert Jahren die Nachkommen an den Tag bringen werden, was uns verborgen war, und sich wundern werden, dass so wichtige Dinge uns unbekannt geblieben sind.

Überdies hat gerade Königsberg an Bedeutung verloren. Gegenüber einer solchen Generation, wie sie in der Mitte des Jahrhunderts hier lebte und in der Wissenschaft die Führung hatte, wird sich jede folgende epigonenhaft vorkommen. Les Grands s'en vont, konnte man seit 1844 hier sagen. Nach einander verliessen sie uns, um in die ewige Heimat zu wandern, zuerst der grosse Bessel (1846), Lobeck (1860), Burdach, Richelot; als einer der letzten der grossen Epoche Rosenkranz (1879), der am Abend des Lebens wegen Erblindung seine Lehrthätigkeit aufgeben musste. Ein Jahr zuvor starb Karl Lehrs am 9. Juni 1878. Am 28. Mai hatte er noch ein Kolleg über Pindar mit gewohnter Frische gelesen, und am nächsten Tage fragten sich die Leute nachmittags vergeblich, wo denn der alte Herr, der im langen dunkelgrauen Überzieher mit dem braunen Shawl um den Hals, mit dem kräftigen Hakenstock trotz Wind und Wetter Stunden lang auf Königsgarten gebückt, aber fest einherzuschreiten pflege, geblieben sei. Er war wie Kant und Lobeck eine volkstümliche Gestalt Königsbergs, obwohl er, oder vielmehr weil er eine so regelmässige Lebensordnung befolgte. Er trank das Barbarengetränk, das Bier, nie und in Gesellschaften kaum mehr als ein Glas Wein. „Für ihn war wie für Plato in gewissem Sinne die Idee das Reale, die Wirklichkeit nur Schatten," sagte sein Schüler und Freund Ludwig Friedländer an seinem Grabe. Nur Fr. Neumann, der Physiker, und der Theologe Sommer sind uns noch aus jener Epoche geblieben.

Hervorragende Gelehrte haben auch in den letzten 50 Jahren hier gewirkt; aber wenn wir von Männern, wie Julius Jacobson, dem Ophthalmologen, dem im Kriege von 1870 gestorbenen Chirurgen Wagner, dem Gynäkologen Hildebrandt absehen, so haben sehr viele nur vorübergehend wie Kometen unsere Bahn berührt, ohne hier dauernd zu bleiben. Baer meinte in seiner Selbstbiographie, Königsberg werde durch die Schienenwege dem Mittelpunkt deutscher Wissenschaft so nahe kommen, dass dadurch grössere Stabilität auf den Lehrstühlen geschaffen würde. Denn ob man 17 oder 6 Stunden fahre, um in die Hauptstadt zu kommen, und ob man einige Thaler mehr für die Fahrt zu zahlen habe, würde keinen wesentlichen Unterschied machen. Das Gegenteil aber ist eingetreten. Kant,

Bessel, Lobeck, Richelot, Rosenkranz lehnten glänzend dotierte Lehrstühle an grösseren Universitäten ab, gewöhnten sich an die Rauheit des Klimas, begnügten sich mit der Zahl der Hörer und fanden in ihrer Lehrthätigkeit und in ihren Forschungen Befriedigung. Helmholtz, Giesebrecht, Nitzsch, von Gutschmid, Mejer, Dahn, Laband, Leyden haben nur vorübergehend die Universität geziert. Sie sind nicht die „Unsern" geworden, sondern sind dem Rufe an grössere Universitäten gefolgt. Es liegt in dieser Freizügigkeit ohne Schranken eine ernste Gefahr für die Zukunft der Universität, die noch der Abwehr bedarf.

In der Studentenschaft gärte die politische Unruhe seit 1844 weiter. Den Stiftern und auch dem Prediger der freien religiösen Gemeinden wurden Fackelzüge dargebracht. Das Jahr 1848 führte wieder zu einer Vereinigung des grössten Teils der Studentenschaft, deren Bande im Laufe der Zeit mehr und mehr durch den Gegensatz der Verbindungen unter sich und der „Wilden" gelockert waren und die sich denn nur kurze Zeit auch halten liess. Natürlich gab es unter den jungen Brauseköpfen nackte Anarchisten, Republikaner, Terroristen, Konstitutionelle, aber auch heimlich viele Indifferente. Bewaffnet mit ihren Parteizeitungen, fochten sie manchen Strauss auf dem Fechtboden aus. Die alten burschenschaftlichen Bestrebungen erwachten wieder, die Burschenschaft Germania legte sogar für einige Jahre die streng verbotenen Farben schwarz-rot-gold an, schickte Deputationen zum Wartburgfest und sah in dem Streben nach der Einheit Deutschlands den Zweck der burschenschaftlichen Verbindungen. Eine Reihe von Studenten schloss sich in den bewegten Märztagen der Bürgerwehr an. Dann legten sich mehr und mehr die Wogen der politischen Bewegung, und rein studentische Fragen über Satisfaktion und Bestimmungsmensur, Gegensätze zwischen Corps und Landsmannschaften, Verbindungsstudenten und „Wilden" bildeten den Mittelpunkt der Erörterungen. Nur kurze Zeit fand eine Vereinigung, die von den schlagenden Korporationen hart befehdet wurde, zur Einschränkung oder völligen Beseitigung des Duellzwanges grösseren Zuspruch und brachte scharfe Gegensätze zwischen den Nichtverbindungsstudenten und den „Couleuren" hervor. Mit Wehmut muss man bekennen, dass jene schöne Zeit, in der alle Studenten eines Sinnes waren und Freude wie Leid gemeinsam empfanden, nicht wieder gekommen ist. Mag der Gegensatz auch mildere Formen angenommen haben, er besteht fort. Gegenwärtig hat sich die Studentenschaft wieder zu gemeinsamem Kommers und Fackelzug verbunden, aber von einer Einheit bei den Beratungen, wie sie noch 1844 möglich war, konnte kaum die Rede sein. Die alten Zeiten, in denen die Studenten mit viereckigen Mützen, in Flausröcken, mit betroddelter Pfeife, den Tabaksbeutel am Rockknopf, mit Kanonenstiefeln einhergingen, sind vorüber, wie die Grogbowle oder der Flibb, das Braunbier dem Maitrank und dem bairischen Bier haben weichen müssen. Herzog Albrecht, der einst die Tracht der Studenten rügte, würde seine Freude haben, wenn er den jungen Studenten mit oder ohne farbige Mütze, die aber auch nicht mehr schief aufgesetzt wird, sittsam und bescheiden einhergehen, höflich dem Bürger ausweichen und mit tief abgenommener Kopfbedeckung grüssen sehen würde. Oder würden ihn auch heute bisweilen ein Scheitel auf dem Hinterhaupt, ein paar weite Hosen, ein paar Glacéhandschuhe, grelle Farben des Anzuges oder ein dicker Stock mit gewaltiger Hornkrücke zu einer Verfügung über die Studentenkleidung bewegen? Nur etwas würde der alte Herzog zweifellos noch schärfer tadeln, als es heute gerügt wird. Im Jahre 1844 ward während der Festzeit ein junger Referendar, der wegen einer im Rausche geäusserten Majestätsbeleidigung von einem Offizier gefordert war, im Duell erschossen. Auch vor kurzem hat eine im Rausche begangene Ausschreitung ein Duell und den Tod eines jungen Mannes zur Folge gehabt. Solche ernsten Zweikämpfe, die nichts mit dem ritterlichen Turniere, den Bestimmungsmensuren, gemeinsam haben, müssten von der gesamten Studentenschaft verhindert oder wenigstens aufs äusserste beschränkt werden.

Es werden heute hohe Ansprüche an den Fleiss der Studenten gestellt. Zwei Examina eröffnen ihnen erst den Weg zur Hochschule und als drohende Gespenster umschweben sie die Staatsexamina, die mit hohen Anforderungen sie zwingen, ihre Studien auf der Universität fachmässig abzugrenzen. Indessen sind Frohsinn und Freude am Scherz noch nicht aus dieser Welt geschwunden. Die akademische Gerichtsbarkeit ist äusserst beschränkt. Es giebt aber heute noch Studentenstreiche, wie denn erst kürzlich zwei Musensöhne den Wächter im Hause und draussen zu täuschen wussten und aus dem Karzer, dem Nachtaufenthalt „lärmfroher Nachtwächteropfer", durch ein Fenster den Weg zur Freiheit fanden. Im Jahre 1886 hat sich ein Einwohner des Karzers eine Sammlung seiner Wandinschriften angelegt. Da liest man:

> Das liebe Universitätsgericht
> Verzeihet keinen Irrtum nicht;
> So ist es mir denn auch passiert,
> Dass ich 'nen Wächter Kerl tituliert,
> Dafür hat man mich eingesperrt u. s. w.

oder
>
> Nächtlich schwärmend, fröhlich lärmend,
> Find' ich Händel wider Willen,
> Als Verächter böser Wächter
> Kann ich ihren Zorn nicht stillen.
> Biergerichtet, ganz vernichtet,
> Muss ich, ist die Straf' auch hart sehr,
> Doch verstummen, muss abbrummen
> Vierzehn Tage hier im Karzer.

Bisweilen scheint dieser Karzer auch ein fideles Gefängnis gewesen zu sein. So singt einer:
> Der Freunde Schar gedrängt am Tisch,
> Der Flaschenkorb gefüllt daneben,
> Litauischer Frass vom Lande frisch,
> So lässt sich's auch im Karzer leben.

Ein Student hat sogar einmal, da das Gesetz dem Karzerbewohner nur eine Flasche Bier erlaubt, eine biergefüllte Riesenflasche, wie man sie in den Schaufenstern der Destillationen erblickt, zum Entsetzen des Hauspedellen mitgenommen und auf seinem Rechte, das ihm eine Flasche Bieres zusichert, bestanden.

Die 50 Jahre, die die Universität zurückgelegt hat, sind reich an einflussreichen politischen Ereignissen und Thaten. Simson, der Professor der Rechte an der Albertina, wurde im Frankfurter Parlament (1848) Mitglied der Professorenpartei und überreichte in dessen Auftrag als Führer der Deputation Friedrich Wilhelm IV. das Protokoll über die Kaiserwahl (3. April 1849). Auch die Zeit der Reaktion und des Konflikts warf ihre Schatten auf die Geschicke der Universität. Schon bei der Krönung ernannte Oktober 1861 Wilhelm I. seinen Sohn zum Rektor der Albertina. Im Juli 1862 verliess die Universität ihr altes Heim, in dem Rosenkranz die Abschiedsrede hielt. Die Wohnräume für die Alumnen waren bereits um 1820 zu Hörsälen umgewandelt. An Stelle eines Exerzierhauses war ein neuer Musensitz auf dem Königsgarten errichtet. Die Medaillons von Sabinus, Dach, Jacobi, Bessel, Herbart, Hippel, Kant, Hamann, Herder, Kraus, Hagen, Burdach, Lachmann, Lobeck unter dem First des Daches weisen auf die Geschichte der Albertina. Es folgten die Kriegsjahre. Von 494 Studenten waren im Jahre 1870 111 mit der Waffe im Felde, 30 als Krankenpfleger. Die Anwesenheit des Rektors in Königsberg gab oft Anlass zu frohen Festlichkeiten. Zum letztenmale weilte dann Kaiser Friedrich, damals noch Kronprinz, im Juni 1885 hier. Ein Teil der Rede, die er in der Aula hielt, sei hier angeführt:

„Jeder Anlass, der mich nach Königsberg führt, gereicht mir zur Genugthuung und Freude, weil er mir zugleich die Gelegenheit bietet, in Ihrer Mitte, meine Herren, die persönlichen Beziehungen zu erneuern und zu stärken, die mich seit langen Jahren hier mit der Albertina eng und fest verbinden.

Seit meinen eigenen Studienjahren ist mir der Beruf eines akademischen Lehrers immer vor vielen andern schön und bedeutungsvoll erschienen. Die grossen Ereignisse der letzten Jahrzehnte haben Ihre Aufgabe, die studierende Jugend zu guten Bürgern des Staates zu bilden, wenigstens nach einer Seite erleichtert. Denn wenn früher Deutschland ein geographischer Begriff genannt wurde, jetzt hat dasselbe seinen nationalen Gehalt gewonnen und wenn es in den Tagen unserer politischen Vielgestaltigkeit geboten war, den schwankenden vaterländischen Sinn zu erwecken und zu beleben, so ist heute allen Deutschen, den alten wie den jungen, das Bewustsein der Grösse und Bedeutung des deutschen Reiches in voller Herrlichkeit erstanden. **Die Gefahren fremder Art und fremden Wesens**, welche das nicht geeinigte Vaterland bedrohen konnten, haben wir, wie uns scheint, für unser — so Gott will — immer mehr erstarkendes Staatswesen nicht zu fürchten. Sicherlich dürfen wir mit gerechtem Stolze uns dessen rühmen, was unser Volk unter der glorreichen Führung seines Kaisers geleistet. Aber sorgen wir zugleich, dass **jede Überhebung** uns fern bleibe, und für ihre Bethätigung in dem Sinne und in dem Tone, den wir bei anderen Nationen oft bitter getadelt, **fehlt uns sogar der Ausdruck**, den wir erst einer fremden Sprache entnehmen.

Drei Jahre später hatte die Albertina, **der einst ein deutscher Kaiser die Privilegien verweigert hatte, den deutschen Kaiser zum Rektor**. Nach 99 Tagen kam sein Sohn **Wilhelm II.** zur Regierung. Sein erster Besuch der Stadt fiel in die Zeit der vierten Säkularfeier des Geburtstages von Herzog Albrecht, sein zweiter galt der Enthüllung des Denkmals für diesen. So wurde das Andenken an den Herzog geehrt, dessen „**bedeutendste Schöpfung**" die Albertina geblieben ist. Sollen wir für sie die Worte, die Döllinger einst der Münchener Universität zurief, wiederholen: **perpetua esto?** Lobecks Worte, die in goldenen Lettern über dem Eingang zum Festsaal der Albertina prangen, mahnen die Vergänglichkeit bestehender Formen des Geisteslebens nicht zu verkennen: „Die Kunst ist lang, aber das Leben ist ewig."